国家软科学计划项目
山东理工大学人文社会科学发展基金资助出版

制度与制度变迁对国际贸易的影响

张海伟 著

中国社会科学出版社

图书在版编目(CIP)数据

制度与制度变迁对国际贸易的影响/张海伟著. —北京：中国社会科学出版社，2015.12
ISBN 978-7-5161-7060-1

Ⅰ.①制… Ⅱ.①张… Ⅲ.①国家制度—影响—国际贸易—研究 Ⅳ.①F74

中国版本图书馆 CIP 数据核字(2015)第 268332 号

出 版 人	赵剑英
责任编辑	周晓慧
责任校对	无 介
责任印制	戴 宽

出 版	中国社会科学出版社
社 址	北京鼓楼西大街甲 158 号
邮 编	100720
网 址	http://www.csspw.cn
发 行 部	010-84083685
门 市 部	010-84029450
经 销	新华书店及其他书店
印刷装订	三河市君旺印务有限公司
版 次	2015 年 12 月第 1 版
印 次	2015 年 12 月第 1 次印刷
开 本	710×1000 1/16
印 张	12
插 页	2
字 数	209 千字
定 价	48.00 元

凡购买中国社会科学出版社图书，如有质量问题请与本社营销中心联系调换
电话：010-84083683
版权所有　侵权必究

ABSTRACT

Since World War II, international trade has vigorously developed and has forced the world economy to grow continuously. International economic communication and cooperation play a vital role for the development of countries all over the world. Almost all the countries attach importance to foreign trade. But people find that even under the heated development of economic globalization and regional economic integration, there is a big gap between the scale and patterns of the real world trade and the estimated values of the traditional theories. The traditional international trade theories cannot explain all the influencing factors of the real international trade, especially the facts that large scale of intra-international trade occur between developed countries after World War II. The development of western institutional economics provides a new perspective for international trade theory study to us. From the 1990s, the original centrally planning economic system states began to transit to the market economic system, which provide us a natural experimental platform to study the effects of institutions on international trade. People began to pay more attention to institutional factors effecting international trade and they especially focus on the property rights systems and contract implementation systems.

China is not only the biggest developing country in the world, but also the most important transition country. In 2009, China's foreign trade ranked third all over the world. The foreign trade dependence was up to 60%. Foreign trade has been playing a key role in economic growth. At the same time, our trade term is tending worse and the international competition power of commodities is small. These problems have become more serious. Therefore, to find the deeper causes from the institutional perspective during this key period of our economic transiton will do good to China to make full use of domestic and overseas resources and markets, to fully exert our advantages in international competition and promote economic growth.

This article includes seven chapters:

The first chapter is about the introduction. In this part, it firstly gives the background and significance of this study in order to fully understand that the effecting system and channels of institutions on foreign trade are important for a country to fully use the international market and promote domestic economy during the economic globalization. This topic is especially meaningful because China is at a crucial period of system transitions. Secondly, it briefly introduces the domestic and overseas studies on this topic. Nowadays, both domestic and overseas reseachers focus their studies on the property rights protection systems and contracts enforcement systems. They mainly use the "trade gravity models" to study how much effects the institutions have on bilateral trades. Thirdly, it provides the research thinkings, technical routes and the main methods. The last, it gives the innovations and shortcomings.

The second chapter is about the summary of related international trade theories and research reviews. It firstly reviews the institutional theories. Institutions are rules standardizing people's behaviors. Western institutional economics regards institutions as the prime determinants for one country's economic growth. The formulation and implementation of institutions is to reduce the transaction costs which are everywhere. To measure institutions qualitatively and quantitatively is one of the most important contents of reseachers' work. Secondly, this essay reviews the institutions change theories and analyzes the nature and catalogues of institution changes. Thirdly, it gives the mainstream international trade theories. These mainstream international trade theories treat institutions as exogenous variables or use technicals to reflect the effects of institutions on economic growth. The institutions are not independent effective factors. The mainstream trade theories which mainly include technical differences international trade theory, factors endowment theory and the new trade theories, are not really related to institutions factors. Therefore, they can't fully explain many international trade phenomenons reasonably. Western institutional economics gives us a new perspective to study the effect factors of international trade.

The third chapter is about the influence mechanisms of institutions on international trade. There are many channels or mechanisms for institutions to affect international trade. Institutions are not only the key factors of one country's technical innovations, but also the key factors of one country's accumulation of human capitals and material capitals. Furthermore, efficient property rights protection institutions are in favor of the formulation of efficient market system. All these facts mean that countries with superior institutions have advantages on production of institutions incentive products. Futhermore, efficient institutions can reduce uncertainty and transaction costs, promote international trade and affect one country's foreign trade scales and benefit distributions. Undoubtedly, it can do favor to the global resources distribution, competition and production efficiency. Besides, contracts enforcement institutions and the systems convergency among countries are convenient to enhance the trust among them, which will be convenient to the signing and performance of contracts. The trade gravity model is an important method for domestic and overseas researchers to study those factors affecting bilateral trade scales and modes. It has been expanded and used these years. This chapter reviews the basic form and its theoretical foundation and overviews the usage of trade gravity models including institutional variables. The result shows that institutions have significant effect on bilateral trade especially the control of corruption and regulatory quality.

The fourth chapter is about the correlation analysis between institutions of different kinds of countries and their foreign trade. In this chapter, the main developed countries and least developed countries are both analyzed. The result shows that developed countries generally have superior institutions over those developing countries. Since World War II, international trade has been developing quickly. There is a big gap between developed countries and developing countries in foreign trade. Both foreign trade scales and annual growth rate of developed countries are higher than those of developing countries. A correlation analysis between four institutional indicators and foreign trade scales is made in this chapter. The result reveals that there is a positive correlation between institutions and foreign trade. Countries with higher governance indexes generally have higher foreign trade values per capita. It means that one country will enjoy better foreign trade if it does better in government effectiveness, regulatory quality, rule of law and corruption control.

The fifth chapter is about institutional changes and international trade. This chapter studies the effect of institutions on international trade from a dynamic perspective. It firstly believes that the main reasons of institutions change of transition countries is the poor efficiency of the original centrally planned economic system. Secondly, it reviews the process of transition countries' economic system change and the resulted changes of these countries' governance management. Thirdly, it inspects the foreign trade of these countries. The result shows that the change of institutions have not been reflected in foreign trade. Therefore, it indicates a direction for further institutional changes to promote one country's foreign trade.

The sixth chapter mainly discusses China's institutional changes and foreign trade. China is the largest developing country and one of the most important transition countries of the world. Its institutional change and foreign trade are concerned more by people. This chapter firstly analyzes the main reasons and process of China's institutional change. And then, it investigates China's governance management and foreign trade outlines. Last, it establishes a trade gravity model including institution variables and analyzes the roles of institutions in international trade between China and other 135 countries of the world.

The last part is the summary. Institutions are important for international trade. Developed countries have superior institutions over developing countries. They have larger trade quantities and can gain more from international trade than developing countries. Therefore, developing countries should perfect their institutions in order to gain more. The institutional change of transition countries is to find better institutions to promote economic development. But they still haven't gained really from institutional changes. China is no exception. Deeper system change is the key for our economic growth and foreign trade development.

The innovations of this essay include two points. Firstly, to study the effects of a country's institutions on its foreign trade, it uses a compound method including both static analysis and a dynamic analysis. In this way, we can learn the institutional effective factors more comprehensively and make a conclusion that it is easier for countries with similar institutions to establish trust basis and develop their bilateral trade. Secondly, we treat joining the World Trade Organization as an institutional transforming. This kind of institutional transforming undoubtedly has a vital role in a country's foreign trade.

Key Words: Institution; Institution Change; International Trade; Transition; Property Rights; Contract Enforcement

目　录

第一章　导论 …………………………………………… (1)
　一　选题的背景与意义 ……………………………… (1)
　　（一）选题的背景 ………………………………… (1)
　　（二）选题的意义 ………………………………… (4)
　二　国内外研究现状 ………………………………… (7)
　　（一）制度影响一国对外贸易量的研究 ………… (7)
　　（二）制度影响一国贸易利得的研究 …………… (11)
　　（三）关于合约实施制度的研究 ………………… (12)
　　（四）关于制度趋同对国际贸易的影响 ………… (16)
　三　研究思路与结构安排 …………………………… (17)
　　（一）研究思路和技术路线 ……………………… (17)
　　（二）结构安排 …………………………………… (18)
　四　主要研究方法 …………………………………… (20)
　五　创新与不足之处 ………………………………… (21)
　　（一）创新点 ……………………………………… (21)
　　（二）不足之处 …………………………………… (21)

第二章　相关理论与文献综述 ………………………… (23)
　一　制度理论 ………………………………………… (23)
　　（一）制度的定义 ………………………………… (23)
　　（二）制度的分类 ………………………………… (25)
　　（三）制度的决定 ………………………………… (26)
　　（四）制度与组织 ………………………………… (27)
　　（五）本书对制度范围的界定 …………………… (29)

（六）本书使用的制度衡量指标 ……………………………………（29）
　　　（七）关于制度对一国经济增长的决定性影响 …………………（31）
　　　（八）简要述评 ………………………………………………………（35）
　二　国家制度变迁理论 ………………………………………………………（36）
　　　（一）几个基本概念 …………………………………………………（37）
　　　（二）制度变迁的本质和种类 ………………………………………（39）
　　　（三）制度变迁的因素 ………………………………………………（40）
　　　（四）制度变迁的成本与收益 ………………………………………（43）
　三　国际贸易理论 ……………………………………………………………（45）
　　　（一）古典国际贸易理论 ……………………………………………（46）
　　　（二）新古典国际贸易理论 …………………………………………（47）
　　　（三）新贸易理论 ……………………………………………………（48）
　　　（四）简要述评 ………………………………………………………（48）
　四　小结 ………………………………………………………………………（49）

第三章　制度对国际贸易的影响分析 ……………………………………（51）
　一　制度影响国际贸易的机制 ………………………………………………（51）
　　　（一）国际贸易发生的基本前提 ……………………………………（51）
　　　（二）制度直接决定一国在国际贸易中的比较优势 ………………（54）
　　　（三）制度影响一国对外贸易规模 …………………………………（59）
　　　（四）制度影响一国对外贸易促进经济增长
　　　　　　作用的发挥 ……………………………………………………（59）
　　　（五）合约实施制度对国际贸易的影响机制 ………………………（62）
　　　（六）制度趋同促进国际贸易的机制 ………………………………（65）
　二　制度对双边贸易的影响：贸易重力模型的应用 ……………………（67）
　　　（一）贸易重力模型的基本形式与拓展应用 ………………………（69）
　　　（二）贸易重力模型的理论基础 ……………………………………（71）
　　　（三）引入制度变量的贸易重力模型及应用 ………………………（72）
　三　小结 ………………………………………………………………………（76）

第四章　世界不同类型国家制度水平与国际贸易的相关性分析 ……（78）
　一　全球对外贸易的发展 ……………………………………………………（78）

（一）全球经济发展状况……………………………………（78）
　　（二）全球贸易发展…………………………………………（79）
　　（三）主要发达国家对外贸易状况…………………………（79）
　　（四）最不发达国家对外贸易状况…………………………（81）
二　不同类型国家的制度水平……………………………………（83）
　　（一）制度水平………………………………………………（84）
　　（二）主要发达国家的公共治理指标………………………（85）
　　（三）最不发达国家的公共治理指标………………………（91）
三　国家治理质量与对外贸易的回归分析………………………（96）
　　（一）相关性分析……………………………………………（96）
　　（二）回归分析………………………………………………（97）
四　小结…………………………………………………………（101）

第五章　转轨国家制度变迁与国际贸易……………………（103）
一　主要转轨国家制度变迁的背景……………………………（104）
　　（一）计划经济体制及其特点……………………………（104）
　　（二）计划经济体制的弊端………………………………（106）
　　（三）经济增长与发展乏力、结构失衡…………………（108）
二　转轨国家制度变迁与经济绩效……………………………（112）
　　（一）转轨的含义及转轨国家的界定……………………（112）
　　（二）主要转轨国家的制度变迁及其绩效………………（114）
三　主要转轨国家对外贸易的发展……………………………（126）
　　（一）对外贸易增长率……………………………………（126）
　　（二）对外贸易模式的变化………………………………（128）
四　小结…………………………………………………………（133）

第六章　中国制度变迁与对外贸易发展……………………（134）
一　中国制度变迁的背景………………………………………（135）
　　（一）中国建立计划经济体制过程的简要回顾…………（135）
　　（二）中央计划经济体制弊端在中国的主要表现………（137）
二　中国制度变迁的发展历程…………………………………（138）
　　（一）市场经济体制建立阶段……………………………（138）

（二）深化体制改革阶段 …………………………（140）
　　（三）近年来的公共治理水平 ……………………（147）
　三　中国对外贸易的发展 ………………………………（148）
　四　实证分析 ……………………………………………（151）
　　（一）建立模型与数据说明 ………………………（151）
　　（二）模型结果 ……………………………………（152）
　五　小结 …………………………………………………（157）

第七章　主要结论 ………………………………………（158）

参考文献 …………………………………………………（161）

后　记 ……………………………………………………（174）

图表目录

图 1—1　本研究的技术路线 …………………………………（18）
图 2—1　Acemoglu 制度理论分析框架 ……………………（26）
图 3—1　国际贸易利益的分解 ………………………………（52）
图 3—2　国际劳动力流动示意图 ……………………………（57）
图 3—3　模型收益矩阵 ………………………………………（63）
图 4—1　主要发达国家 1998—2008 年人均进出口贸易值
　　　　的变动 ………………………………………………（81）
图 4—2　最不发达国家 1998—2008 年人均进出口贸易值
　　　　的变动 ………………………………………………（83）
图 4—3　主要发达国家"政府效率"指标变化 ……………（87）
图 4—4　主要发达国家"监管质量"指标变化 ……………（88）
图 4—5　主要发达国家"法治"指标变化 …………………（89）
图 4—6　主要发达国家"腐败控制"指标变化 ……………（90）
图 4—7　最不发达国家"政府效率"指标变化 ……………（92）
图 4—8　最不发达国家"监管质量"指标变化 ……………（93）
图 4—9　最不发达国家"法治"指标变化 …………………（94）
图 4—10　最不发达国家"腐败控制"指标变化 ……………（95）
图 4—11　2008 年世界 123 个国家人均进出口额对数值与
　　　　 WGI 四项指标相关性散点图 ……………………（96）
图 5—1　主要转轨国家"政府效率"指标变化 ……………（122）
图 5—2　主要转轨国家"监管质量"指标变化 ……………（123）
图 5—3　主要转轨国家"法治"指标变化 …………………（125）
图 5—4　主要转轨国家"腐败控制"指标变化 ……………（126）
图 6—1　中国 1996—2008 年主要 WGI 指标 ………………（148）

表 3—1	贸易重力模型的理论基础推导	(72)
表 4—1	世界货物贸易与商业服务出口贸易发展概况	(79)
表 4—2	主要发达国家1998—2008年人均进出口额	(80)
表 4—3	主要发达国家1999—2008年人均进出口额年增长率	(80)
表 4—4	最不发达国家1998—2008年人均进出口额	(82)
表 4—5	最不发达国家1998—2008年人均进出口额年增长率	(82)
表 4—6	主要发达国家"政府效率"指标	(86)
表 4—7	主要发达国家"监管质量"指标	(87)
表 4—8	主要发达国家"法治"指标	(89)
表 4—9	主要发达国家"腐败控制"指标	(90)
表 4—10	最不发达国家"政府效率"指标	(91)
表 4—11	最不发达国家"监管质量"指标	(93)
表 4—12	最不发达国家"法治"指标	(94)
表 4—13	最不发达国家"腐败控制"指标	(95)
表 4—14	公共治理情况与对外贸易规模相关系数	(97)
表 4—15	123个国家多元线性回归结果	(98)
表 4—16	对模型（7）进行健壮回归的运行结果	(99)
表 4—17	分组运行结果	(100)
表 5—1	苏联时期社会主义经济的比重	(105)
表 5—2	苏联、东欧各国年均经济增长率	(108)
表 5—3	东欧国家1961—1984年国民收入与各种生产要素综合生产率的年均增长率	(109)
表 5—4	苏联、东欧20世纪80年代的外延增长（年均百分比变化）	(109)
表 5—5	苏联、东欧积累与消费的比例	(110)
表 5—6	东西欧人均国民生产总值的比较	(111)
表 5—7	关于转轨经济研究的初步划分	(113)
表 5—8	工业和银行业中外国所有权比重（2000）	(118)
表 5—9	俄罗斯私有化后工业企业的所有权结构	(119)
表 5—10	主要转轨国家"政府效率"指标	(121)
表 5—11	主要转轨国家"监管质量"指标	(123)
表 5—12	主要转轨国家"法治"指标	(124)

表 5—13	主要转轨国家"腐败控制"指标 ……………………	(125)
表 5—14	主要转轨国家 1993—2008 年商品进出口贸易总额 ……	(127)
表 5—15	主要转轨国家 1995—2008 年进出口总额增长率 ………	(128)
表 5—16	东欧国家与参照国家的贸易模式（1992—1994， 1995—1997）…………………………………………	(131)
表 5—17	东欧国家和参照国与 OECD 和非 OECD 国家贸易的 RCA 和 IIT 指数（1992—1994，1995—1997）…………	(132)
表 6—1	国民收入中消费和积累比例统计 …………………………	(137)
表 6—2	三个关于经济体制改革文件的内容比较 …………………	(143)
表 6—3	《WTO 协定》的行政法结构 ……………………………	(146)
表 6—4	中国 1996—2008 年主要 WGI 指标 ………………………	(147)
表 6—5	1978 年以来中国对外贸易概况 …………………………	(149)
表 6—6	变量含义及数据来源 ……………………………………	(152)
表 6—7	被解释变量 $lnEXP$ ………………………………………	(153)
表 6—8	被解释变量 $lnIMP$ ………………………………………	(154)
表 6—9	被解释变量 $lnTTP$ ………………………………………	(156)

第一章 导论

一 选题的背景与意义

(一) 选题的背景

1. 战后国际贸易的蓬勃发展大大促进了世界经济的持续增长

国际贸易是跨国界劳动分工的结果，能够在全球范围内优化资源配置并有效提高生产效率，给贸易国带来专业化和交换的好处，这一观点在理论与实践领域都已经得到广泛证明。

在过去几十年里，尤其是第二次世界大战以后，国际贸易快速发展，超过了世界商品和服务的产出增长率。据世界贸易组织《2009年世界贸易发展报告》统计，2000—2008年，世界货物出口年均增长率为5%，同期世界货物生产与世界GDP年均增长率分别为2.5%和3%。2008年，受美国次贷危机的影响，世界货物贸易实际增长率仅为1.5%，与2007年6%的增长率相比，出现了大幅度下降。但是，这一增长率仍然高于同期世界货物产出的增长率。以名义价格计算，2008年世界货物出口额增长15%，达到15.8万亿美元，同期商业服务出口贸易额上涨11%，达到3.7万亿美元。

大量的事实表明，国际贸易在一国经济增长与经济发展中起着显著的促进作用。20世纪50年代日本开始的贸易立国，60年代以后东亚"四小龙"的外向型战略，80年代以来中国的对外开放，都显示了贸易发展战略在一国经济发展中的重要作用。"没有人否认，中国今天的成就一方面得益于经济体制的改革，另一方面是实行了对外开放的政策。"① 在这些国家通过实施外向型发展战略成功实现经济增长的示范作用下，世界上大多数国家积极通过多种渠道参与多边贸易谈判或区域经济一体化的合作交流，全球经济得到空前发展。

2. 主流贸易理论的解释力降低

人们普遍认为，国际经济一体化迅猛发展的主要原因在于科技进步所带来的交通成本的下降、关税与非关税壁垒的大幅度削减以及其他贸易促进政策的推行。但许多学者的经验数据分析表明，即使在目前世界各国之间交通成本大幅度下降、关税与非关税壁垒大幅度削减、自由贸易在以WTO为代表的多边贸易体制和异军突起般的各种区域经济一体化组织的作用下，现实中的全球贸易量和贸易结构与传统国际贸易理论所描述、估测的情况并不完全一致，甚至差距很大。Trefler 将这种现象称为"丢失的贸易之谜"（the Missing Trade），形象地描述了实际国际贸易规模明显小于传统国际贸易理论值的状况，富国和穷国之间实际发生的贸易量也远远小于按照传统贸易理论所估测的贸易量。②

第二次世界大战后，发达国家之间出现了大规模的工业制成品的产业内贸易。对于这种新的贸易现象，斯坦福·林德尔（Staffan Burenstam Linder）从重叠需求角度、雷蒙德·弗农（Raymond Vernon）从产品生命周期角度分别做了研究，保罗·克鲁格曼（Paul Krugman）等人则从规模经济和不完全竞争角度出发系统地探讨了这些问题，提出新贸易理论来解释产业内的贸易现象。但是，这些理论仍然不能够全面解释国际贸易所呈现出的新情况和新特点，许多研究者以更宽泛的视野从其他角度寻求对这些现象的解释。

McCallum 强调国家界限对贸易的阻碍作用，他指出：经济交易总是偏向于在国内进行，即使是发生在富国之间的贸易，国家界限也很重要。③ Rauch 经过研究认为，除了各种贸易壁垒以及运输、通信等因素外，还有一些不可观测的因素影响着国际贸易的交易成本，导致跨国交易实际

---

① 尹祥硕等：《贸易战略的国际比较》，复旦大学出版社 2006 年版，第 1 页。
② Daniel Trefler, "The Case of Missing Trade and Other Mysteries," *American Economic Review*, Vol. 85 (1995), pp. 1029-1046.
③ John McCallum, "National Borders Matter: Canada-U. S. Regional Trade Patterns," *American Economic Review*, Vol. 85, No. 3 (1995), pp. 615-623.

发生量要小于理论上的贸易量。① 这些研究结果均表明，除了传统国际贸易理论中所谈及的影响国际贸易的因素外，还有非常重要的影响因素被忽略了。这显然向建立在新古典经济学基础上的传统国际贸易理论提出了挑战。

3. 西方新制度经济学的兴起为研究国际贸易问题提供了全新的视角

20 世纪六七十年代以来迅速兴起的新制度经济学，突破了新古典经济理论关于交易成本为零的真空世界假设，不再将制度简单外生化，或将制度简单等同于技术差距或生产率差异等因素，成为研究真实世界的经济学。

"无规矩不成方圆。"自从有了人，有了社会，也就有了制度。鲁滨孙的世界不需要制度的存在，但孤岛上一旦来了星期五，制度也就有了存在的必要，用于规范、协调鲁滨孙和星期五之间的行为关系。人类文明上下五千余年的历史，制度发展源远流长，在社会发展中起到了举足轻重的作用。新制度不断产生并得到推行，发展成熟，进而随着社会的进步而逐渐趋于落后，直至最终被淘汰，制度的革新和进步推动着社会文明不断进步，生产不断向前发展。制度为人类活动提供了一个政治、经济、文化、宗教等活动的约束框架，它早已成为社会科学研究领域不可或缺的组成部分。

传统国际贸易理论仅仅考虑生产技术、要素禀赋和需求偏好等方面的影响因素，新国际贸易理论开始考虑规模经济、需求重叠、地理因素以及基础设施等因素对国际贸易的影响，但都没有真正涉及交易双方的制度安排问题。随着三十年来制度经济学的蓬勃发展，人们开始从制度的视角，将制度因素引入国际贸易理论研究领域，对国际贸易的原因、利益分配以及在贸易促进增长中的作用进行了大量的研究，得出了一些与传统国际贸易理论不完全一致的结论，也对一些用传统国际贸易理论不能解释清楚的现象给出了新的阐释和证明。尤其是以道格拉斯·诺斯（Douglas North）为代表，从历史演进的角度系统考察了制度对贸易作用的过程，提出了"制度启动贸易"的命题，将制度变量引入其国际贸易模型中，极大地扩展了贸易理论的解释力和应用空间。根据诺斯的观点，交易成本的出现主

---

① James E. Rauch, "Business and Social Networks in International Trade," *Journal of Economic Literature*, Vol. 39 (2001), pp. 1177-1203.

要是由于市场中的机会主义行为和一般经济环境中的不确定性，因此，产权安全和私人合同强制实施在正式制度框架中是个核心目标。① 大量的实证研究和经验分析证明，有效的制度可以降低交易成本，因此，制度对经济增长和国际贸易产生了深远的影响，优越的制度会促进经济增长和贸易发展，低劣的制度则会阻碍经济增长和贸易发展。制度对交易成本的影响在经济增长和发展的相关文献中已经得到了较大的关注。Knack & Keefer、Hall & Jones 等人更是将制度以及政策机制等看作是决定一国生产率和经济增长的基础性变量。② 事实上，McCallum、Rauch 等在谈及国家界限对国际贸易的阻碍作用时，并非强调国家界限在地理或者主权区划上的简单含义，而是强调了不同国家在制度上的差异。③

1950 年，美国与苏联、东德与西德、朝鲜与韩国，其资源禀赋与技术基础都是相当接近的。但到了 1990 年，美国与俄罗斯、合并前的东德和西德、朝鲜与韩国，其要素禀赋及科学技术却形成了巨大的差异，对外贸易量更是有着天壤之别。这种现象恰恰证明制度因素对比较优势的形成与变动具有决定性的影响，更为突出的是，比较优势的获得离不开该国在要素禀赋、技术水平以及市场结构等方面的制度安排。合理的制度能够为技术创新和技术进步提供良好的激励环境，是使一国技术产品具有国际竞争力的根本保证。

（二）选题的意义

第二次世界大战后，全球经济一体化和区域经济一体化的快速发展为世界各国进行经济合作提供了广阔的舞台，各国越来越重视对外贸易的发展问题。而且，一国的贸易体制与其动态经济增长业绩有着很强的相关关系，贸易的静态和动态效应给社会带来了福利的增加并促进了经济的发

---

① North, D. C., "Institutions," *Journal of Economic Perspectives*, Vol. 5, No1 (1990), pp. 97-112.

② Knack, S. and Keefer, P., "Institutions and Economic Performance: Cross-country Tests Using Alternative Institutional Measures," *Economics and Politics*, 7 (1995), pp. 207-227; Robert E. Hall, Charles I. Jones, "Why Do Some Countries Produce So Much More Output per Worker than Others?" *The Quarterly Journal of Economics*, Vol. 114, No. 1 (1999), pp. 83-116.

③ John, McCallum, "National Borders Matter: Canada-U. S. Regional Trade Patterns," *American Economic Review*, Vol. 85, No. 3 (1995), pp. 615-623; James E. Rauch, "Business and Social Networks in International Trade," *Journal of Economic Literature*, Vol. 39 (2001), pp. 1177-1203.

展，国际贸易对人们的经济生活产生着越来越重要的影响。Syrquin and Chenery 通过对一百多个国家的考察，发现 1952—1983 年实行外向型经济政策的国家年均产出增长率平均为 5.22%，年均全要素生产率平均为 2.2%。相比之下，实行内向型经济发展政策的国家年均产出增长率平均为 4.28%，年均全要素生产率增长率平均仅为 1.6%。[①] Corbo 和 Kuznets 等人对个别国家的案例研究同样证实了"开放度"和增长率之间存在着正相关关系。[②] 另外，国际贸易在很大程度上决定着国与国之间某些重大利益的分配问题，因而成为各国政府在外交尤其是对外经济关系政策制定和协调中的重要内容。

国际贸易产生的基础、模式以及利益分配，一直是国际贸易理论研究领域的主要内容。国际贸易理论的发展以古典贸易理论、新古典贸易理论以及新贸易理论为主脉络，分别从技术生产率、要素禀赋和市场结构等角度研究国际贸易发生的原因，认为国家间技术和要素禀赋的差异以及市场不完全竞争和规模经济等因素，可以通过形成各国同种产品相对价格差而导致国际贸易的发生。在这些理论的假定前提中，国家之间不存在制度上的差异，或者将制度视为外生变量，不会发生什么改变，或者国家间的制度差异被简单地内化为国家间的技术差异。这与现实世界中的国际贸易决定因素显然不相符合。对制度的忽视不仅无法解释现实中实际发生的国际贸易模式和规模与理论推导出来的情况不一致的现象，也往往会造成制度安排不当而影响国际贸易的正常发展。比如，许多国家对外贸易规模比较大，对外开放程度比较高，但对经济增长的促进效果并不显著，这说明对外贸易有效地促进经济增长还需要其他重要条件，其中，适宜的制度因素不可忽视。

在现实的国际贸易中，交易成本普遍存在，而且交易成本过高会妨碍交易的进行。人们制定制度的目的就是降低交易成本，良好制度的设计和实施可以降低交易成本，低劣制度也能够增加交易成本。因此，制度的制

---

① Syrquin, Moshe, and Chenery, Hollis, "Three Decades of Industrialization," *World Bank Economic Review*, Vol. 3 (1989), pp. 145-181.

② Corbo, Vitorio, Krueger, Anne O., and Ossa, F., *Export-Oriented Development Strategies* (Boulder: Westview Press, 1985); Kuznets, Paul W., "An East Asian Model of Economic Development: Japan, Taiwan, and South Korea," *Economic Development and Cultural Change*, Vol. 36 (1988), pp. 11-43.

定和执行在经济领域中是非常关键的，它在社会经济发展中的作用也得到越来越多经济学家的关注。很多研究者将制度视为影响经济长期增长的决定性因素。世界各国经济、政治、文明发展程度不一，制度差异普遍存在。全球化的趋势使各国经济、政治、文化、宗教或空前融合，或发生激烈碰撞，尤其是以国际贸易、金融、投资等活动为载体的经济全球化，在国际上形成了统一的市场，各国制度上的差异势必会影响贸易、投资等活动的跨国进行，进而影响这些活动对各国经济增长作用的发挥。大量的研究表明，国内正式制度影响着产权的安全性和产权保护的有效性，还对政府治理绩效产生了重要的影响。它们不仅影响着国内交易所出现的风险，还影响着国际贸易中的不确定性。在现实生产、交换、分配等经济活动中，劳动、资本和土地等基本生产要素只有在合理、高效的制度安排下，才能够真正有效地得以配置并发挥作用。有些产业在生产中较其他产业较多地依赖于制度设置，按比较优势理论，此类制度密集型产业在制度优越的国家成为比较优势产品，决定着一国的贸易模式和规模，在制度上具有比较优势的国家专业化生产并出口相对复杂商品（这些商品的生产和交易往往对相关制度安排的依赖性比较强）。此外，国内正式制度还会对行为习俗和人与人之间的信任产生影响，从而影响人们在交易中的做法和传统方式，这些进而又会影响国际交易中的风险甄别和偏好。在国际贸易中，贸易国之间制度趋同、相互信任会提高人们对贸易利得的合理预期。世界贸易组织、国际货币基金组织和世界银行等国际组织提供了全球性的制度安排，北美自由贸易协定，东盟、欧盟等区域性组织也为区域内各国的经济合作提供了优惠的制度环境，为国际贸易的发展起到了重要的作用。

当一国制度成为经济发展的障碍时，就会出现促使制度发生变迁的社会力量，因此，任何国家的发展史都是一部制度变迁的历史。在当今世界，发展中国家和转轨国家尤其处于制度变迁的关键时期，在经济全球化的大背景下，制定并推行优越的制度，让制度因素成为本国比较优势的源泉，积极参与国际贸易，获得贸易的好处，这些都是经济发展的重中之重。近四十年来，许多欠发达国家对外贸易快速增长，对外贸易依存度也很高，然而其经济增长仍然缓慢甚至出现停滞现象。究其原因，这些国家在贸易利益分配中处于不利地位，有些国家甚至出现了贸易条件恶化和贫困化增长问题。因而，对于欠发达国家来说，原有的不利于经济发展的制度的改革和变迁势在必行。

20世纪90年代初，苏联、中东欧国家的经济转轨，以及70年代末中国的改革开放备受关注。制度的转变为经济运行提供了一个更适宜的框架，也为制度对国际贸易的影响提供了良好的检验平台。中国从1985年开始历经15年之久才如愿以偿地加入世界贸易组织，对外贸易空前发展。截至2009年，中国的经济改革持续推进，成就更令世人震撼：社会主义市场经济体制初步建立，全面融入世界经济体系的格局基本形成，经济以年均9%以上的速度持续增长，经济总量跃居世界第二位，进出口总额居世界第三位，外汇储备居世界第一位，综合国力大幅度提高，中国的崛起已成不争的事实。"中国模式"、"中国经验"、"中国道路"和"北京共识"成了全世界关注的焦点。然而，在中国的改革与发展大步迈进的同时，各种各样复杂而尖锐的社会矛盾也一天天积累着：技术创新不足，增长质量低下，资源紧张加剧，失业问题突出，社会保障缺乏，腐败现象严重，两极分化扩大。① 这些现象背后的制度性原因是什么？为了解决这个问题，系统考察制度因素对国际贸易的影响，有助于我们制定正确的制度以促进对外贸易的发展，充分利用国内外两种资源和两个市场，积极参与国际竞争，提高产品竞争力，获取国际分工与交换的更大收益。

二 国内外研究现状

随着西方制度经济学的兴起，越来越多的研究者开始考虑制度因素在国际贸易中的作用，大量的理论研究和实证分析表明，世界各国制度效率存在着较大差异，发达国家制度普遍优于欠发达国家，制度因素在国际贸易决定中起着关键性作用。目前，国内外学者对此问题的研究主要集中在以下四个方面。

（一）制度影响一国对外贸易量的研究

制度主要从两个方面影响一国的对外贸易量。有效的制度安排会使一国在生产技术、资本积累、组织管理等方面具有比较优势，降低产品生产成本和交易成本，促进国际贸易的发生；好的制度会使潜在的国际贸易行

---

① 张宇：《中国的转型模式：反思与创新》，经济科学出版社2006年版，"序言"第3页。

为人对合约的履行产生更高的期待，因此会促进国际贸易的发生。

Azmat Gani & Biman Chand Prasad 对斐济、汤加等 6 个太平洋岛国的政府治理状况与国际贸易之间的关系进行了系统的研究，认为这些国家在政府治理上所取得的成效决定了贸易量的大小，制度上的缺陷是许多国家阻碍投资和经济增长的主要因素。[①] Anderson and Marcouiller 重点研究了南北制度差异对贸易流量的影响。结论表明，腐败现象造成的国际贸易中交易的不安全性限制了发达国家与发展中国家之间贸易的发展。[②] Marion and Hildegunn 分析了国内制度对总贸易流动规模和双边贸易流动规模的影响程度，发现制度对一国对外开放水平有正向而且显著的影响。相反，本国关税本身并无显著的统计上的影响，但一旦与好的制度结合，确实能影响总贸易量。[③] Berkowitz 等人的研究认为，出口国优越的制度可以使其在复杂商品上具有比较优势，在简单商品上优势较弱。进口国制度的改善会导致其由进口复杂品转向进口简单品，从而促进国际贸易的发生。[④]

樊江春、杨艳红对国际贸易中各种非正式制度的形式及其作用做了综述。其中，垄断中介组织、社会网络、所有权制度以及对等贸易等非正式制度可以弥补正式制度的不足，发挥降低交易成本的重要作用，从而促进国际贸易的发生。[⑤] 冯正强、韩淑敏提出："今天的日本、韩国、以色列等国家在资源相对劣势的情况下之所以能够创造出竞争优势，而拥有资源优势的一大批落后国家却没有因此获得对外贸易的发展，应该说制度是关键性的因素之一。"[⑥] 张亚斌提出，一国对外贸易竞争优势取决于人力资本、交易费用、技术创新、规模经济、政府政策以及内部制

[①] Gani, Azmat, Prasad, Biman C., "Institutional Quality and Trade in Pacific Island Countries," Asia-Pacific Research and Training Network on Trade, Working Paper No. 20, Available at http://www.unescap.org/tid/artnet/pub/wp2006.pdf.

[②] Anderson, J. E. and Marcouiller, D., "Insecurity and the Pattern of Trade: An Empirical Investigation," *Review of Economics and Statistics*, Vol. 84, No. 2 (2002), pp. 345-352.

[③] Marion J., Hildegunn, K. N., "Institutions, Trade Policy and Trade Flows," Working Paper ERSD-02, 2004.

[④] Daniel Berkowitz, Jonannes Moenius and Katharina Pistor, "Trade, Law and Product Complexity," *The Review of Economics and Statistics*, Vol. 88, No. 2 (2006), pp. 363-395.

[⑤] 樊江春、杨艳红：《国际贸易理论的制度研究范式及其启示》，《科技情报开发与经济》2006 年第 12 期。

[⑥] 冯正强、韩淑敏：《对外贸易竞争优势形成的制度因素分析》，《安徽商贸职业技术学院学报》2006 年第 2 期。

度与外部制度的兼容度等，而制度对这些因素起着决定性的作用。① 鲁明泓研究了对国际直接投资产生重要影响的制度因素，其中主要包括贸易措施、商业管理、法律法规等。结论表明，东道国私有财产保护程度越高，法律越完善，企业运行障碍越低，政府清廉指数越高，国际直接投资流入也越高。② 潘镇将不良制度和制度差距作为隐形贸易成本的两个来源，用一个包含制度变量的扩展重力模型，分析了制度对双边贸易的影响。他认为，一国的制度水平越低，其国际贸易活动越不活跃。无论是法律制度、宏观经济制度还是微观经济制度，对于双边贸易的影响都是非常显著的。不良的制度增加了交易的不确定性，提高了交易成本，从而不利于国际贸易活动的开展。此外，各制度变量的影响程度存在着差异。总体来看，制度水平变量的影响程度高于制度差异变量。在制度水平变量中，影响较为显著的是市场规范程度、私有财产保护程度和货币政策。在制度差异变量中，工资控制程度、货币政策和贸易政策的影响强度较大。③

赵永亮、徐勇认为，在一个不确定的世界里，交易效率的高低取决于市场的有效性，而市场的有效性又依赖于制度环境，从而贸易的迅速发展离不开制度环境的改善。其中，法律制度的完善尤为重要。原因在于，完善的法律制度可以通过有效的产权保护，鼓励市场行为主体，通过规范政府行为遏制腐败，最终活跃商业贸易，减少边界效应，促进国际贸易的发生。④

王涛生通过相关模型的构建与数理分析，对产权效度与出口竞争力的内在联系与关联效应进行了初步探析。一国产品的交易成本与其产权效度存在着负相关关系。因此，一国的贸易量与产权效度呈正相关，即当产权界定明晰，产权保护与实施高效时，出口贸易量会上升。反之，当产权效度低，即产权界定不明晰，产权保护与实施低效或无效时，出口贸易量会下降。其传导机制为：一国的产权安排有效时，产权效度就高，交易成本就会降低，从而该国出口产品的价格就会低于国际市场的平均价格，因而

---

① 张亚斌：《内生比较优势理论与中国贸易结构转换》，中国经济出版社2006年版。
② 鲁明泓：《制度因素与国际直接投资区位分布：一项实证研究》，《经济研究》1999年第7期。
③ 潘镇：《制度水平、制度距离与双边贸易》，《中国工业经济》2006年第7期。
④ 赵永亮、徐勇：《制度因素与贸易的边界效应》，《国际贸易问题》2007年第9期。

该国产品出口就会具有成本竞争优势,其产品的出口贸易量会增加;反之亦然①。

侯经川、黄祖辉、钱文荣以"比较优势"、"有限(价值)理性"和"制度二要素"这三个基本假设为基础,以李嘉图所举的"英国和葡萄牙"为实例,对比较优势条件与制度安排的关系做了一个比较系统的探讨。在弱比较优势条件下,由于绝对劣势一方选择分工的收益不足以超过其选择抢掠的收益,因而分工将无法自然地实现;但若能通过某种人为的规则安排(如转移支付协议)使得双方在参与分工的转移支付后收益均大于拒绝分工的收益,那么分工还是可以人为实现的。因此,适宜的制度可以使得比较优势得以实现。在有限价值理性(如果经济主体总是能够正确地选择实现自身目标最大化的方案,则是完全工具理性的;反之,如果他总是无法正确地选择实现自身目标利益最大化的方案,则是完全非工具理性的,介于这二者之间的状态,则为有限工具理性)的假设条件下,经济主体不可避免地会实施损人利己行为(如抢掠),使得比较优势分工难以实现。但如果通过人为的制度安排使得经济主体放弃"抢掠",保障分工合理进行,国际贸易就发生了,比较优势利益得以实现。②

章兴鸣认为,制度因素对国际竞争力具有决定性作用。"那些能在国家间移动的生产要素的所有者在做区位选择的过程中,一般都会评估非可移动要素或低移动性生产要素的成本。"当前,资本、技术知识等都可以进行跨国流动,而法律性、政治性、行政性的制度因素则大多无法在国际上流动,它们的成本在很大程度上决定着一个国家的国际竞争力。比如,跨国公司区位定位,看中的不仅仅是该地能为其提供具有较高文化素质和劳动技能、诚实、可靠、具有谨慎文化传统的职员,同时可能更为看重由政府供给的服务和基础设施的质量等一系列制度因素的影响,廉洁、务实、透明、高效的政府系统,以及可依赖的、不偏不倚的司法。也就是说,一个国家或地区如果能够为企业提供便利的商务活动的惯例、常规、法律和政府条例,保证安定的社会秩序和可靠的竞争环境,就能促进交易

---

① 王涛生:《制度影响国际贸易成本竞争力的效应分析——基于国家间产权制度差异的视角》,《经济数学》2008 年第 4 期。

② 侯经川、黄祖辉、钱文荣:《比较优势与制度安排》,《公共管理学报》2006 年第 4 期。

成本的降低，形成竞争优势。同时，贸易保护主义常常导致制度性因素成为自由贸易和要素流动的障碍。与进口相竞争的国内利益集团为了获得贸易保护的再分配利益往往会努力影响政策和法律的制定，从而提高了国际交易成本。[①]

（二）制度影响一国贸易利得的研究

一国制度安排在很大程度上影响着该国通过国际贸易获得的利益。发达国家的优越制度可以直接代表着一种制度性比较优势，发达国家从具有制度比较优势的产品生产和出口中获得利益，而欠发达国家或者发展中国家则可能利益受损。

Quy-Toan Do & Andrei A. Levchenko 认为，作为贸易开放的结果，要素的回报出现了分化。当合同的不完善导致要素市场分割时，比较优势将来自制度差异，因而制度优越的国家往往可以从基于制度比较优势的贸易中获益，而欠发达国家可能会丧失一些利益，不利于本国的经济增长。[②] Trefler 和 Davis 等人的研究也进一步证明，实际发生的国际贸易量远远小于理论值，高收入且资本丰裕的国家相互间的贸易量远远超过了它们同低收入且劳动力丰裕的国家之间的贸易量，可以获得更多分工和交换的利益。[③] Axel Borrmann，Matthias Buses & Silke Neuhaus 在研究中也发现，在给定开放度的条件下，一些国家比另一些国家更有可能从贸易中获益。虽然东南亚许多国家已经由于强有力的出口导向发展战略获取了可观的增长率，而许多非洲和拉丁美洲国家却越来越不能从贸易中获利了。[④]

R. Segura-Cayuela 建立了模型来阐释低效率制度如何影响经济增长，

[①] 章兴鸣：《国际交易成本中的制度性因素探析》，《国际商务研究》2002 年第 6 期。

[②] Quy-Toan Do and Andrei A. Levchenko, "Comparative Advantage, Demand for External Finance, and Financial Development," World Bank Policy Research Working Paper No. 3889. Available at SSRN: http://ssrn.com/abstract=898170, 2006.

[③] Trefler, D., "The Case of Missing Trade and Other Mysteries," *American Economic Review*, Vol. 85 (1995), pp. 1029-1046; Davis, D. R., Weinstein, D. E., Bradford, S. and Shimpo, K., "Using International and Japanese Regional Data to Determine When the Factor Abundant Theory of Trade Works," *American Economic Review*, Vol. 87 (1997), pp. 421-446.

[④] Axel, B., Matthias, B., and Silke, N., "Institutional Quality and the Gains from Trade," *KYKLOS*, Vol. 59, No. 3 (2006), pp. 345-368.

尤其是探讨了低效率制度如何影响一国国际贸易在经济增长中的作用。具有低效制度国家的贸易开放可能会导致更差的经济政策。原因在于，封闭经济中征收税收以及没收财产会通过一般均衡价格效应伤害到权力集团（即精英）自身的利益，从而为低效政策的形成设置了障碍。而贸易开放却消除了这种障碍，使权力集团更倾向于采取低效政策谋取利益最大化。其文利用 92 个国家 17 年的数据进行了实证分析，结果显示，在非民主国家，征税以及榨取收入的行为随着贸易的不断对外开放而加剧，最终导致该国福利下降，利益受损，而民主国家的情况则相反。[1]

国内直接研究制度水平对外贸利得影响的文献并不多见。多数学者认为，对外贸易使得本国比较优势得到实现，从而获得比较优势利益。因此，优越的制度会促进国际贸易的发生，也会促进对外贸易利益的实现。

（三）关于合约实施制度的研究

合约实施制度对经济增长和国际贸易都非常重要。许多学者对此进行了研究，以 Kormendi and Meguire、Scully、Grier and Tullock、Barro、Mauro、Knack and Keefer、Alesina et al.、Hall & Jones、Chong & Calderon[2] 等为代表，研究结果显示，合约实施对经济增长具有正向的作用，合约实施制度较弱的国家投资率低且经济发展缓慢。

---

[1] Segura-Cayuela, Ruben, "Inefficient Policies, Inefficient Institutions and Trade," Banco de Espana Research Paper No. WP-0633. Available at SSRN: http://ssrn.com/abstract=949436, 2006.

[2] Kormendi, R. C. and Meguire, P. C., "Macroeconomic Determinants of Growth: Cross-country Evidence," *Journal of Monetary Economics*, Vol. 16 (1985), pp. 141-163; Scully, G., "The Institutional Framework and Economic Development," *Journal of Political Economy*, Vol. 96 (1988), pp. 652-662; Grier, K. B. and Tullock, G., "An Empirical Analysis of Cross-national Economic Growth, 1951 – 1980," *Journal of Monetary Economics*, Vol. 24 (1989), pp. 259-276; Barro, R., "Economic Growth in A Cross Section of Countries," *Quarterly Journal of Economics*, Vol. 106 (1991), pp. 407-433; Mauro, P., "Corruption and Growth," *Quarterly Journal of Economics*, Vol. 110 (1995), pp. 691-712; Knack, S., and Keefer, P., "Institutions and Economic Performance: Cross-country Tests Using Alternative Institutional Measures," *Economics and Politics*, Vol. 7 (1995), pp. 207-227; Alesina, A., Ozler, S., Roubini, N. and Swagel, P., "Political Instability and Economic Growth," *Journal of Economic Growth*, Vol. 1 (1996), pp. 189-211; Hall, R. E. and Jones, C. I., "Why Do Some Countries Produce So Much More Output per Worker than Others," *The Quarterly Journal of Economics*, Vol. 114, No. 1 (1999), pp. 83-116; Chong, A. and Calderon, C., "Causality and Feedback Between Institutional Measurements and Economic Growth," *Economics and Politics*, Vol. 12 (2000), pp. 69-81.

Anderson & Marcouiller、Bigsten et al.、Kletzer & Bardhan、North、Rosenberg & Birdzell[①] 等人强调法律制度对合约实施的保障作用,他们认为,健全的法律制度对一国复杂品出口很关键。国内制度和国际制度的优劣都会影响一国在国际贸易中的表现。国内良好的制度可以使外国投资者认为,合约可以在该国得到法律制度的强制实施从而实现交易利益。良好的国际制度可以在一定程度上弥补国内制度的缺陷,提高合约实施的质量。如果法律制度不能保障合约得到履行,或者合约履行不完善,均会减少国际贸易量,其中交易的不安全性扮演了如同隐形关税一样的价格加成的角色,尤其通过限制信用市场,提高交易成本,会导致交易成本显著地影响国际贸易的发生,降低一国在某些商品上的比较优势。

尤其对于银行业、金融业以及制造业等对制度依赖性更为显著的行业,有效的合约实施制度更为关键。Levine、La Porta et al.、Levine et al.[②] 对此做了系统研究。他们发现,拥有更好的合约实施保障制度和投资者、权利保障法律体制的国家往往比那些合约实施不完善的国家拥有更发达的银行业和金融业,且拥有更大的资本市场。Portal, De-Silanes and Shleifer 的研究也强调了法律环境(包括法律及其实施)对一国资本市场的规模和范围的重要作用。好的法律环境保护了潜在的投资者,使其不受管理者的剥削,使他们愿意出资购买债券,从而扩大了资本市场的融资范围。在比较了大陆法系国家和普通法系国家的投资者保护程度后发现,与普通法系国家相比,大陆法系(尤其是法国法系国家)在投资保护方面

---

① Anderson, J. E. and D. Marcouiller, "Insecurity and the Pattern of Trade: An Empirical Investigation," *Review of Economics and Statistics*, Vol. 84, No. 2 (2002), pp. 345-352; Bigsten, A., P. Collier, S. Dercon, B. Gauthier, A. Isaksson, A. Oduro, R. Oostendorp, C. Patillo, M. Söderbom, M. Sylvain, F. Teal and A. Zeufack, "Contract Flexibility and Dispute Resolution in African Manufacturing," *Journal of Development Studies*, Vol. 36, No. 4 (2000), pp. 1-37; Kletzer, K. and Bardhan, P., "Credit Markets and Patterns of International Trade," *Journal of Development Economics*, Vol. 27 (1987), pp. 57-70; North, Douglass C., *Institutions, Institutional Change, and Economic Performance* (Cambridge: Cambridge University Press, 1990); Rosenberg, Nathan, and L. E. Birdzell, *How the West Grew Rich: The Economic Transformation of the Industrial World* (New York: Basic Books, 1986).

② Levine, R., "The Legal Environment, Banks and Long-run Economic Growth," *Journal of Money, Credit, and Banking*, Vol. 30 (1998), pp. 58-61; Porta, R. L., De Silanes, F. L. and Shleifer, A., "Law and Finance," *Journal of Political Economy*, Vol. 1998, No. 6 (1998), pp. 1113-1155; Levine, R., Loayza, N. and Beck, T., "Financial Intermediation and Growth: Causality and Causes," *Journal of Monetary Economics*, Vol. 46 (2000), pp. 31-77.

比较弱，资本市场也欠发达。① Carin Thuresson 利用重力模型分别就食品部门和机械设备部门的出口与履约环境进行了定量分析，发现机械设备部门比食品部门更需要所在国有一个良好的制度环境，一个国家在机械运输设备的出口上比食品出口需要一个更优越的合同履行环境。②

Bigsten 描述了有效法律体制的缺失是如何阻碍许多非洲国家制造业企业和潜在的国外进口商之间交易的。法律制度的缺失越严重，交易环境的风险越大，合约得不到履行的可能性越高，一份合同进行再协商的可能性就越高。③ 由于缺少有效的法律体制，在合约中断的情况下，运用律师和法庭强制原合约实施的做法便不常见，供货商和代理商往往会以一种相对随意的方式履约，主要体现在：供给商迟到或者交货质量与订货质量不同，代理商付款拖延等。因此，发达国家的贸易商在与非洲企业进行交易时常常为对方的履约拖延和申请再谈判感到困惑。这恰恰解释了外国企业与非洲商的交易比较困难而且非洲制造商很难进入国际出口市场的原因。国内制度会影响对一国贸易伙伴的选择以及整体双边贸易模式，还会影响本国开放水平。无效制度对出口商而言是一种成本，降低了产品的国际竞争力，对出口起到了抑制的负面作用。同时无效制度引起的交易成本会提高进口品的价格，从而减少进口，不利于本国福利的提高。

在国际贸易合约履行中，跨国网络作为正式制度的补充，对通过降低信息成本来削减交易成本，发挥着重要作用。Grief 的研究表明，中世纪商人法律制度的主要功能是通过储存、提供有关个人交易行为的信息而使得维持商人之间交易的信誉机制能更好地发挥作用。在漫长的演进过程中，商人们从商业实践中发展出来的博弈规则逐步被国家的法律制度所吸收，形成了西方现代的商法体系。有了这样的商法体系，信誉机制就可以更好地维持交易关系和市场秩序，推动劳动分工和经济的发展。华人网络的出现对双边贸易产生了重要的正面影响，这种影响对差异产品来说要大于对同质产品。这种现象出现的原因在于，对异质产品来说，信息成本更

---

① Porta, R. L., De-Silanes, F. L., Shleifer, A. and Vishny, R. W., "Legal Determinants of External Finance," the Journal of Finance, Vol. 48, No. 3 (1997), pp. 1113-1150.

② Carin Thuresson, "Contract Enforcement and Its Impact on Bilateral Trade," Jonkoping University Master Thesis, 2008.

③ Bigsten, A., P. Collier, S. Dercon, B. Gauthier, A. Isaksson, A. Oduro, R. Oostendorp, C. Patillo, M. Söderbom, M. Sylvain, F. Teal and A. Zeufack, "Contract Flexibility and Dispute Resolution in African Manufacturing," Journal of Development Studies, Vol. 36, No. 4 (2000), pp. 1-37.

重要些。①

Araujo and Ornelas 对于国内贸易量远远大于对外贸易问题给出的解释是，国际契约在履行上存在着更大的风险。其文建立了一个行为人为了克服合约履行制度上的缺陷而建立信誉机制的模型，描述了制度水平、信誉以及国际贸易之间的相互关系。国际合约实施上的不完善不利于国际贸易的发生，但是有利于信誉机制的建立；信誉机制能够在一定程度上弥补合约实施不完善而对贸易产生的不利影响。由于信誉机制的建立需要较长的时间，因此与拥有较好的合约实施环境相比，贸易水平仍然较低。在这种情况下，信誉机制对于完全的合约实施来说并不是一个最完美的替代物。但是从长期来看，如果交易双方有足够的耐心，也就是说，如果进出口双方的交易关系是永久性的，则信誉可以成为合约实施制度的完美替代。②

国内的相关研究也不少。张维迎强调信誉在贸易中的关键作用。他认为，法律和信誉是维持市场有序运行的两个基础。与法律相比，信誉机制是一种成本更低的维持交易秩序的机制。在商业社会里，企业尤其是信誉的载体，在产权不明晰以及政府对经济可以任意干预的国家里，企业无法对信誉产生足够的重视，因此，对外贸易必定会受到负面影响。③ 陈伟、朱鹏飞认为，产权明晰以及有效的产权保护对国际贸易的影响突出表现在知识产权保护以及与知识产权相关的国际贸易中。知识产权已经成为国际贸易重要的组成部分，渗透到贸易的方方面面，成为各国开展国际贸易、形成国际竞争力的关键。从立法的角度来说，积极完善知识产权法律，提高知识产权保护意识，创立自主知识产权，有利于一国在对外贸易中加大高附加值产品的研发，提高产品的国际竞争力，同时通过知识产权保护来提高自身的垄断地位和竞争力。④ 王洪认为，产权制度是一种不完全契约，最优的产权制度能克服外部性和解决激励问题，从而能够利用分工和交换来获得专业化和规模经济的好处，使社会生产更有价值，就会促进经济增长。因此，有效的产权保护制度和法律制度是一国技术创新、生产效

---

① 参见 Grief（1993）关于商人联盟作用的研究，这些联盟控制着中世纪马格里布商人间的代理关系。

② Luis Araujo and Emanuel Ornelas, "Trust-Based Trade," IBMEC RJ Economics Discussion Paper, http://professores.ibmecrjj.br/erg/dp/dp.htm, 2005.

③ 张维迎：《法律制度的信誉基础》，《经济研究》2002 年第 1 期。

④ 陈伟、朱鹏飞：《基于经济全球化的知识产权与国际贸易发展关联研究》，《科技管理研究》2010 年第 3 期。

率不断提高并形成国际竞争力的关键。[1]

(四) 关于制度趋同对国际贸易的影响

人与人之间的信任既源自文化、经济方面的因素，也源自国家公共治理状况，两国制度环境与安排的相似性会增强两国间潜在交易者的相互信任程度，有利于促进国际贸易的发生。Wei 探讨了 OECD 成员国之间的贸易量大大超过 OECD 成员国与非成员国之间贸易量的原因，证明了国家间制度有效性的差异是造成 OECD 成员国相互之间贸易不均衡以及与非成员国之间贸易差别较大的重要原因。计量研究结果显示，制度相似与否大概能使贸易量提高 12%。[2] De Groot 等分析了制度对双边贸易流动的影响，正式制度优越的国家贸易量更大。他们在研究中利用区域贸易协定作为虚拟变量来表示贸易壁垒，通过在标准重力模型基础上加入单个国家制度变量和贸易国之间制度熟知程度的变量进行了探讨，认为正式制度比较优越的国家往往贸易量较大；具有相似法律或者管理框架的国家，其双边贸易量比不具有这些条件的国家间贸易量多出 12%—18%；管制效率每上升一个百分点，就可以促成贸易量增长大概 20%—24%，而腐败的杜绝可以促进贸易增长 17%—27%。一套较高质量的制度体系能够减少合同实施和一般经济管理运行中的风险。通过提高财产的安全性直接降低交易成本，也可以间接通过提高经济交易过程中的信任水平降低交易成本。制度水平的一致性既反映了人们相似的行为准则，也能增强人们行为的一致性以及人们在交易过程中的相互信任度。在双边贸易中，熟悉并采取相同的非正式习惯和商业惯例可以降低风险以及贸易双方的协调成本，而这些与正式规则的效率无关。[3] 此外，Knack & Keefer 等人也证明，正式制度的好坏与非正式制度如国内习俗和信任等有着正向的相关关系，一国良好的治理状况所带来的低贸易成本能够增加国际贸易量。[4]

蔡洁认为，国家间的制度差异是导致贸易摩擦频发的关键因素。从宏

---

[1] 王洪：《作为不完全契约的产权：一个注释》，《改革》2000 年第 5 期。

[2] Wei, S.-J., "Natural Openness and Good Government," NBER Working Paper No. 7765, 2000.

[3] Henri L. F. de Groot, Gert-Jan M. Linders, Piet Rietveld and Uma Subramanian, "The Institutional Determinants of Bilateral Trade Patterns," *Kyklos*, Vol. 57, No. 1 (2004), pp. 103-123.

[4] Knack, S. and P. Keefer, "Does Social Capital Have an Economic Payoff? A Cross-Country Investigation," *Quarterly Journal of Economics*, Vol. 112 (1997), pp. 1252-1288.

观交易成本与微观企业制度两个角度，分析了制度差异导致贸易摩擦的机制，并采用博弈论方法探讨了国家间进行制度差异协调的必要性，得出中国应从政治、经济、历史、文化方面采取对策，加强制度差异的协调，以减少与贸易伙伴间摩擦的发生。①

章兴鸣认为，制度系统的隔阂会增加交易成本。在交易双方不是处于共有制度框架的条件下，交易成本很可能会相对增加，因为国家规则的强制执行止于国界，国际交易与国内交易相比存在着特有的风险。突出表现在强制遵守合约的手段或索赔的方式上风险更大、麻烦更多，甚至会出现国际执行失灵问题。因此，合理的制度创新可以节约交易成本。WTO 和区域经济一体化都是重要的制度创新，在一定程度上缓解了跨国交易中由于制度隔阂所产生的巨大交易成本。

持相似观点的还有潘镇，他认为，贸易伙伴之间的制度差异对双边贸易起着阻碍作用。制度背景上的差异，需要伙伴国花费额外的交易成本，以搜集必要的信息，了解和熟悉当地市场，保证交易的安全。因此，在其他条件不变的情况下，交易更倾向于在制度环境相近的国家之间发生。②

三 研究思路与结构安排

（一）研究思路和技术路线

本书首先回顾了制度理论并对制度对国际贸易影响的文献进行了综述，以此为基础，对世界各国制度水平和贸易之间的相关性进行了分析，得出大部分国家制度水平与贸易量大小之间有较明显的正向相关性的结论；然后从动态变化的角度，探讨了转轨国家产权制度和合约实施保障制度的变迁对贸易的影响。最后以中国为例，探讨了制度对对外贸易的重要影响。

本书研究的技术路线图如下：

---

① 蔡洁：《基于制度差异视角的贸易摩擦分析》，《经济经纬》2007 年第 3 期。
② 潘镇：《制度水平、制度距离与双边贸易》，《中国工业经济》2006 年第 7 期。

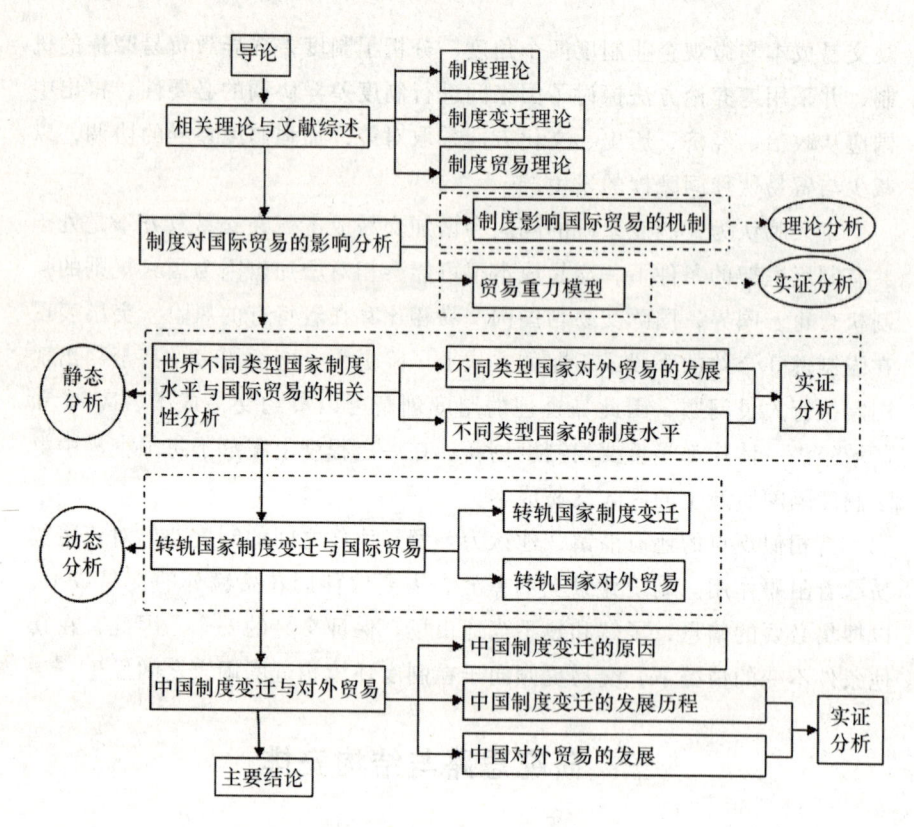

图 1—1　本研究的技术路线

（二）结构安排

本书由七章内容组成：

第一章为导论。首先提出了本书研究的背景和意义，认为充分认识制度对一国对外贸易的影响机制和渠道，对一国在经济全球化时代利用国际市场发展本国经济有着非常重要的意义。尤其是中国处于体制转轨的关键时期，这一研究更具有现实意义。其次，对国内外研究现状进行了简要介绍。目前国内外学者对影响国际贸易的制度因素研究主要集中在产权保护制度和合约强制实施制度两个方面，对双边贸易量的研究主要采用了贸易重力模型进行实证分析。再次，给出了本书的研究思路、技术路线和主要的研究方法。最后，就本书的创新之处和不足进行了总结。

第二章为相关理论与文献综述。本章对制度理论、制度变迁理论以及主流国际贸易理论进行了回顾和综述。首先是制度理论。制度是规范人们行为的准则。西方制度经济学将制度视为一国经济增长的决定性因素,交易成本处处存在,制度的制定与执行是为了降低交易成本。对制度的质量进行定性和定量衡量,成为西方制度经济学的重要研究内容。其次是制度变迁理论,对制度变迁的本质与种类、成本与收益以及影响因素进行了综述。最后对主流国际贸易理论进行了评介。主流国际贸易理论将制度外生化或者将制度因素对经济的影响通过技术水平来反映,没有将制度看作独立的影响贸易的要素。技术差异论、要素禀赋论以及新贸易理论等都未真正涉及制度因素对国际贸易的影响,因此,对许多国际贸易现象无法做出合理解释。制度经济学的兴起为研究国际贸易的影响因素提供了新的视角。

第三章分析了制度对国际贸易的影响。制度通过多种渠道或机制对国际贸易产生影响。制度作为影响一国比较优势的要素,既是一国技术创新的关键,也是一国积累人力资本以解决资本匮乏难题的关键。有效的产权保护制度有利于形成高效率的市场机制,符合比较优势理论,制度优越的国家在制度密集型产品上具有比较优势;有效的制度可以减少不确定性和交易成本,促进国际贸易的发生,影响一国对外贸易规模和利益分配,这对优化世界资源配置,加强竞争,提高生产效率无疑具有正向的影响。此外,合约实施制度以及国与国之间的制度趋同有利于增强国家之间的信任度,从而有利于合约的签订和履行。贸易重力模型是国内外学者研究影响双边贸易规模和结构因素的重要方法,近年来更是得到了拓展和应用。本章回顾了贸易重力模型的基本形式和理论基础,并对引入制度变量的贸易重力模型的应用进行了综述。结果表明,制度因素对双边贸易的影响很显著。

第四章为世界不同类型国家的制度水平与国际贸易发展的相关性分析。本章分别考察了有代表性的发达国家和最不发达国家制度发展状况,结果表明,发达国家的制度普遍优于欠发达国家。二战后国际贸易蓬勃发展,发达国家与最不发达国家的对外贸易发展很不平衡,发达国家人均进出口贸易额及年均增长率远远高于欠发达国家。对世界上123个国家四项制度指标与对外贸易规模的相关性分析结果表明,二者之间存在着较强的正向相关性,公共治理水平越高的国家往往对应着越高的人均进出口值。这意味着,一国在政府效率、监管、法治以及腐败控制方面做得越好,对外贸易就越活跃。

第五章分析国家制度变迁与国际贸易的关系。本章从动态角度探讨了制度因素对国际贸易的影响。首先,通过分析认为,转轨国家制度变迁的主要原因在于原中央集权计划经济体制所带来的经济低效率。其次,考察了转轨国家以私有化为主的经济体制变迁过程以及这些变迁所带来的政府效率、监管以及腐败控制方面的变化。最后,考察了这些国家对外贸易发展情况,认为转轨带来的制度方面的变化尚未完全体现在国际贸易的发展上,因此,提出能够进一步影响一国对外贸易的制度变迁方向。

第六章探讨中国制度变迁与对外贸易发展问题。中国作为世界上最大的发展中国家和转轨国家,其制度变迁和对外贸易发展都备受关注。本章首先考察了中国制度变迁的主要原因和基本情况,其次考察了近年来中国制度变迁所带来的公共治理水平的变化以及对外贸易发展概况。最后构建了中国对外贸易的重力模型,考察贸易双方制度水平对贸易规模的影响,结果表明,优越制度有利于双边贸易的发展,制度认可度较高的国家间贸易量大。此外,中国对外贸易的发展在很大程度上受益于公共治理水平提高之外的因素,因此,中国的政治、经济、文化、教育制度变迁还有很长的路要走。

第七章是主要结论。制度对国际贸易非常重要,发达国家制度普遍优于欠发达国家,其贸易量大且从国际贸易中获得了更多的利益。欠发达国家若要从国际贸易中获益,就必须不断完善制度。转轨国家的制度变迁旨在寻找更适宜经济发展的制度,但这在政府公共治理方面还没有真正体现出来,转轨国家对外贸易的发展还没有真正从制度变迁中受益。更深层次的制度变迁也是中国经济增长与对外贸易发展的关键。

四 主要研究方法

第一,实证分析研究方法。在分析制度对国际贸易的影响机制时,尽量抛开价值判断,回答制度如何影响一国产品国际竞争力以及如何影响贸易合约实施等问题。本书在分析国家制度水平与对外贸易的相关性时,主要采用了实证分析方法,研究国家制度以及对外贸易的发展状况,从中梳理出二者之间的相关关系。

第二,静态分析与动态分析相结合的研究方法。本书在国家制度对对外贸易影响的具体分析中,首先进行了不涉及时间因素的静态分析,以

2008年横截面公共治理指标和对外贸易额为基础数据,对二者之间的相关性进行了分析。然后又加入时间因素,从动态角度观察国家公共治理指标以及对外贸易的变动情况,从静态和动态两个角度证明制度因素对对外贸易的影响。

第三,一般分析与重点分析相结合的研究方法。考虑到在国际贸易领域,有效的产权制度有利于生产效率的提高,有效的合约实施制度有利于贸易利益的实现,因此,除了在一般意义上探讨了制度对国际贸易的影响外,本书主要强调产权制度和合约实施制度这两种特殊制度对国际贸易的影响机制。此外,无论是发达国家还是发展中国家,也无论是市场经济国家还是原中央计划经济体制国家,无一例外地都在进行制度的不断完善和变迁。中国既是世界上最大的发展中国家,又是典型的转轨国家,因此,本书除了从一般意义上研究多数国家制度变迁与对外贸易之间的相关性外,还就中国的情况进行了重点分析,试图探讨中国的制度变迁如何更有效地促进对外贸易的发展问题。

五 创新与不足之处

(一) 创新点

第一,本书在研究制度对对外贸易的影响时,不仅采用了静态与动态分析相结合的方法,从而更全面更立体地研究国际贸易中的制度影响因素,而且从中得出结论,认为制度水平相似的国家更容易构建起信任基础,从而有利于双边贸易的开展。

第二,将加入WTO看作一个制度变迁过程,这种制度变迁无疑对成员的对外贸易产生了关键性的引导作用。因此,与其他国家的制度趋同在很大程度上促进了国际合约的实施。

(二) 不足之处

第一,制度这一概念的内涵比较广泛,制度包括多个层面多种类型,难以统计和考量。在本书对一国制度指标的衡量中,主要使用了世界银行制定的全球公共治理指标(即WGI指标),有一定的局限性。

第二,制度变迁与国际贸易应该是相互影响和制约的两个变量,国际贸易的发展对一国的制度变迁也存在着较大的引导作用，这在中国加入WTO后制度变迁的过程中就已经体现出来，本书仅探讨了制度对国际贸易的影响，而很少涉及国际贸易对制度的影响，这一问题有待于进一步的研究与考察。

第二章　相关理论与文献综述

国内外学者大量的研究表明，制度是一国经济长期增长的决定因素。制度环境与安排影响着一国技术、资本、劳动、市场等可以直接形成比较优势的因素，而比较优势的存在是一国贸易利益的主要源泉，因此，制度对国际贸易的影响不容忽视，其中，产权制度尤为重要。此外，国际贸易是否会发生，除了人们的预期收益外，交易者还必须确信，贸易合约能够得到有效实施以实现预期的贸易利益。任何交易都是有成本的，国际贸易的交易成本往往高于国内贸易，在交易实施之前，往往就已经出现了沉没成本。因此，国际贸易中的合约实施问题非常关键，交易双方所在国合约实施制度（包括正式的和非正式的合约实施制度）及其实施有效性成为影响实际进出口交易量的重要因素。

随着新制度经济学的兴起，人们越来越多地关注制度对国际贸易的影响，研究成果也较多，主要集中在上述产权制度和合约实施制度两方面，并对每一种制度影响国际贸易的机制建立了一些理论模型，进行了大量的经验分析和实证分析。

一　制度理论

（一）制度的定义

从新制度主义到新制度主义经济学，人们对制度的研究一直没有间断过，但是"制度"到底应该如何定义，至今仍然没有形成统一的看法。研究者往往从自己的研究角度出发，对制度进行了多种不同的定义。

1. 早期制度主义者：制度是一种思维习惯

早期的制度主义者代表凡勃伦（Thorstein B. Veblen）从社会心理学

角度研究制度,将制度看作一种思维习惯,是"个人或社会对有关的某些关系或某些作用的一种思维习惯",它"包括惯例、习俗、行为规范、权利和财产的原则"①。康芒斯(John Rogers Commons)认为,"制度是集体行动控制个人的一系列行为的准则或标准",把制度解释为"控制、解放和扩展个体行动的集体行动",这些制度指出了"个人能做或不能做、必须这样或不能这样做、可以做或不可以做的事"②。

2. 马克思主义者:制度是一种生产方式

马克思在谈到资本主义制度时曾经指出,"由于不断扩大商品销路的需要,驱使资产阶级奔走于世界各地。他们到处落户、到处创业、到处建立联系。"而且,"资产阶级,由于开拓了世界市场,使一切国家的生产和消费都成为世界性的了。""资产阶级,由于一切生产工具的迅速改进,由于交通的极为便利,把一切民族甚至野蛮民族都卷到文明中来了。它的商品的低廉价格,是用来摧毁一切万里长城、征服野蛮人最顽强的仇外心理的重炮。它迫使一切民族——如果它们不想灭亡的话——采取资产阶级的生产方式;它迫使他们自己在那里推行所谓的文明制度,即变成资产者。一句话,它们按照自己的面貌为自己创造出一个世界。"③ 因此,马克思主义者将制度看作一种生产方式。

3. 新制度经济学派:制度是一种行为准则

以科斯(Ronald Coase)、威廉姆森(Oliver Williamson)、诺斯(Douglas North)等人为代表的新制度经济学派利用主流经济学的理论和方法对制度的起源、实施进行了研究和解释,将制度视为一种行为规则。

最广为接受的关于制度的概念是诺斯在1993年发表的《制度变迁的理论》中指出的"制度是一个社会的游戏规则,它是为决定人们的相互关系人为设定的一些制约"。因而他给出的定义是:"制度是人们所发明设计的对人们相互交往的约束,它们由正式的规则、非正式的约束(行为规范、管理和自我限定的行为准则)和它们的实施机制所构成"④。

---

① 张林:《新制度主义》,经济日报出版社2006年版,第31页。
② 周骏宇:《对外开放与制度变迁:中国入世的制度经济学解读》,西南财经大学出版社2007年版,第12页。
③ 转引自佟家栋《发展中大国的贸易自由化与中国》,天津教育出版社2005年版,第97—98页。
④ 诺斯:《制度、制度变迁与经济绩效》,上海人民出版社1994年版。另外,舒尔茨、拉坦、斯科特等人都从将制度看作一种规则的角度对制度下过定义。

另外，青木昌彦在其著作《比较制度分析》中指出，给制度下一个合适的定义取决于分析的目的。他概括了在博弈论视野下的三种制度观，第一种是尼尔森等"将制度明确等同于博弈的特定参与人，诸如'行业协会、技术协会、大学、法庭、政府机构、司法等等'"；第二种是诺斯的观点，认为"制度应该被视为博弈规则，以区别于它的参与人"；第三种最早是由肖特（Scotter）倡导的关于制度的博弈均衡观。青木昌彦将制度概括为"关于博弈重复进行的主要方式的共有信念的自我维系系统"，但是"规则并非外生给定的，或者由政治、文化和元博弈决定，而是由参与人的策略互动内生的，存在于参与人的意识中，并且是可自我实施的"①。

（二）制度的分类
1. 正式制度、非正式制度和实施机制

根据诺斯的观点，制度包括正式制度与非正式制度以及实施机制，用来规范经济行为主体的交易行为和相互关系。正式制度即约束人们行为关系的有意识的契约安排，包括政治（即司法）规则、经济规则和一般性契约，也就是包括从宪法、成文法和不成文法到特殊的细则，最后到个别契约等一系列人们有意识创设的行为规则。

非正式制度即未被人有意识地设计过的规则，是人们在长期交往中无意识形成的行为规则，主要包括价值信念、道德观念、风俗习惯、意识形态等，它们在正式规则没有定义的地方起着约束人们行为关系的作用。因此，正式制度和非正式制度是相互补充的，又是相互替代的。在非正式约束中，意识形态居于重要地位，在诺斯看来，意识形态是一种行为方式，这种行为方式通过提供给人们一种世界观而使行为决策更为经济。

实施机制是指由某一社会组织或机构对违反制度（规则）的人做出相应惩罚或奖励，从而使这些约束或激励得以实施的条件和手段的总称。这些手段可以来自舆论的压力、法律的权威和政府的权力等。也就是说，实施机制是与法律制度相配套的，能为实施者提供足够的信息，保证契约能够得到有效实施的一套强制性措施。丝毫无外在强制性的制度是不可能

---

① ［日］青木昌彦：《比较制度分析》，周黎安译，上海远东出版社2001年版，第5—12页。

存在的。

实施机制对于制度功能与绩效的发挥至关重要。没有实施机制的政治制度、法律条文和（挂在墙上的）规章制度只能是制度的纸制副本，它们不可能对社会效率与公平的提高发挥真正的作用。① 因此，从保证契约能够得到有效实施的作用角度，张维迎等将信誉也视为一种非正式契约实施制度。

2. 政治制度与经济制度

按照行为主体行为领域的不同，制度又可分为政治制度和经济制度。政治制度指的是在特定社会中，统治阶级通过组织政权以实现其政治统治的原则和方式的总和，它涵盖了社会政治领域中要求政治实体遵行的各类准则或规范，是人类出于维护共同体的安全和利益，维持一定的公共秩序和分配方式的目的，对各种政治关系所做的一系列规定。

经济制度是指国家统治阶级为了反映在社会中占统治地位的生产关系的发展要求，建立、维护和发展有利于其政治统治的经济秩序而确认或创设的各种有关经济问题的规则和措施的总称。经济制度构成一个社会的经济基础，它决定其政治制度和社会意识形态并受到政治法律制度的保护。

（三）制度的决定

关于制度的决定，Acemoglu 概述了制度经济学的经验和理论研究，给出了一个政治制度与经济制度决定的理论分析框架（如图 2—1 所示）。

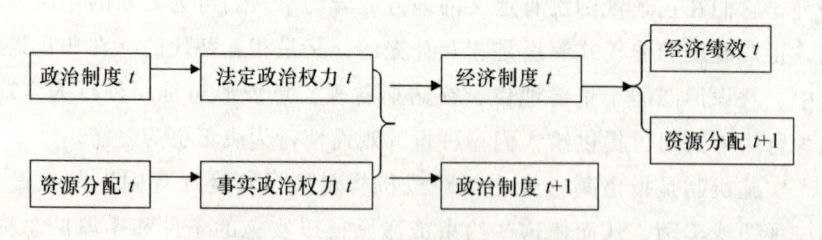

图 2—1　Acemoglu 制度理论分析框架

资料来源：Acemoglu, D., Johnson, S. and Robinson, J., "Institutions as the Fundamental Cause of Long-Run Growth," NBER Working Paper, No. W10481 (2004), p.6. 说明：t 表示当期，$t+1$ 表示下一期。

---

① 周骏宇：《对外开放与制度变迁：中国入世的制度经济学解读》，西南财经大学出版社 2007 年版，第 15 页。

根据 Acemoglu 的观点，政治制度和资源分配是两个状态变量，当期这两个变量可以决定整个体制的所有其他变量。具体来说，当期政治制度决定了社会中在法律意义上的政治权力（即法定政治权力）的当期分配，当期资源配置则影响当期实际政治权力（即事实政治权力）的配置。这两种政治权力会进一步影响当期经济制度的选择以及下一期政治制度的演变。经济制度决定经济产出和发展绩效，经济产出包括经济总增长率和下一期社会资源配置状况。可以看到，虽然经济制度是决定经济产出的基础性要素，但它们本身是内生的，由社会的政治制度和资源配置状况决定。因此，各种制度之间是相互依存而不是各自独立存在的，相互作用和渗透使各种制度交织成一个系统，共同决定着整个社会的政治、经济、文化诸方面的发展。

Acemoglu 认为，一国制度一旦形成，就具有一定的黏性或者持久性，不易改变。这主要源于两个原因：其一，政治制度是不易发生变化的。若要使政治制度发生变化，必须发生政治权力分配情况的足够大的变化。例如，由独裁到民主的转变。其二，当一个集团比其他集团较富有时，就会加强他们的实际政治权力并使他们有能力推行符合他们利益的经济和政治制度，这将会在将来加大这种初始便存在的贫富不均状况。除了这两项原因外，该模型还强调了社会变革的潜力。尤其是"休克"疗法，包括科学技术和国际环境的变化，可以改变实际社会政治权力的平衡，导致政治制度的颠覆性变化，并因此导致经济制度的改革和经济增长，这为20世纪80年代末原中央计划经济体制国家的转轨提供了理论依据。

（四）制度与组织

制度本质上是一种规范人行为的规则。在制度本质的外延上，由于制度和组织在英文里都用了"institutions"这个单词，因此，对于组织是否可以被看作制度仍存在分歧。主要有两种观点，中国学者张亚斌对于这个问题进行了系统的梳理。[①]

第一种观点认为，组织即为制度。该种观点建立的基础是：制度的主要功能是降低交易成本，而组织恰恰具有这个功能。代表人物有康芒斯、科斯、拉坦（Vernon W. Ruttan）、舒尔茨（Theodore Schultz）等人。在

---

① 张亚斌：《内生比较优势理论与中国贸易结构转换》，中国经济出版社2006年版。

康芒斯看来，组织内的业务规则是制度，家庭、公司、工会、同业协会直至国家本身等各种组织也是制度。拉坦[①]在其诱致性制度变迁理论研究中认为，没有必要将组织和制度区分开来，因此他的制度概念包括了组织的含义，他认为，制度创新或制度发展一词指的是："(1) 一种特定组织的行为的变化；(2) 这一组织与其环境之间的相互关系的变化；(3) 在一种组织的环境中支配行为与相互关系的规则的变化。"

第二种观点将组织和制度区分开来。制度以规则的形式存在，组织本身要受到这些制度的约束，组织的效率取决于其内部的制度安排和外部的制度环境。持这种观点的代表人物主要有戴维斯（L. E. Davis）、诺斯（D. North）、柯武刚（Wolfgang Kasper）、史漫飞（Manfred E. Streit）等人。戴维斯和诺斯对制度和组织进行了区分，他们认为，"制度环境是一系列用来建立生产、交换与分配基础的基本的政治、社会和法律基础规则"，"一项制度安排是支配经济单位之间可能合作与竞争的方式的一种安排"，它为组织"提供一种结构使其成员的合作获得一些在结构外不可能获得的追加收入，或提供一种能影响法律或产权变迁的机制，以改变个人（或团体）可以合法竞争的方式"。[②] 很显然，制度为组织的运行提供了一套规则，而组织则是在这些规则下进行决策的行为团体。柯武刚[③]认为："组织是对资源的系统安排，其目的在于实现一个共同目标或目标集。因此，公司、银行、政府机构是有目的的组织，而基督教的'十戒'和交通规则却是制度。"张亚斌认为，"组织因其以活动和作用而成为制度变迁的代理实体，制度因其以规则的形式界定了组织的性质、范围和功能而成为组织的灵魂，组织构建与制度设计是分不开的，但制度并不等同于组织。"[④]

在本书的研究中，我们采用第二种观点，认为制度与组织是存在区别的。本书强调影响国际贸易发生与利益分配的制度因素，主要强调产权与产权保护制度、合约实施制度对一国生产效率和履约环境的影响，与组织

---

① V. W. 拉坦：《诱致性制度变迁理论》，R. 科斯、A. 阿尔钦等：《财产权利与制度变迁》，上海人民出版社 1994 年版，第 329 页。

② L. E. 戴维斯、D. C. 诺斯：《制度变迁的理论：概念与原因》，R. 科斯、A. 阿尔钦等：《财产权利与制度变迁》，上海人民出版社 1994 年版，第 270—271 页。

③ 柯武刚、史漫飞：《制度经济学》，商务印书馆 2000 年版，第 33 页。

④ 张亚斌：《内生比较优势理论与中国贸易结构转换》，中国经济出版社 2006 年版，第 95 页。

的概念并不完全一致。

(五) 本书对制度范围的界定

国际贸易是跨国界的交易，是跨越国家界限的经济合约的磋商、签约以及合约实施等一系列的经济活动。本书旨在探讨在这种经济活动中起关键作用的制度对国际贸易的影响机制。在当今信息网络化的时代，交易机会的搜寻以及合同的签订都比较快捷、方便，但是契约的强制实施、产权安全以及交易国腐败程度等国内制度对国际贸易的履行产生着重要的作用。其中，产权制度和合约实施制度都是对人们行为的一种约束规则。鉴于此，本书将研究重点放在合约实施制度和产权制度上，将这些制度视为外生变量，用以反映一国国际贸易制度环境，探讨制度对国际贸易的影响。本书不仅将产权制度视为决定一国比较优势的关键因素，还将合约实施制度视为影响贸易是否有效发生的重要因素。也就是说，制度对国际贸易的影响主要有两个途径：其一，有效的制度，尤其是产权制度有效性的提高会大大刺激生产性营利活动，使商品极大丰富，同时促进技术和管理创新、解决资本匮乏、形成高效市场机制，促进经济增长，形成国际贸易中的比较优势。其二，合约实施制度（包括正式合约实施制度和非正式合约实施制度）的不断完善能大大降低国际贸易中的不确定性和交易成本，促进国际贸易的发生，为国际贸易提供一个安全的环境，促进贸易经济利益的实现。因此，保持一个公正、有效的公共部门管理，低腐败、有效的法律合约实施以及合理的管制水平都有助于对外贸易的进行和贸易利益的分配。

(六) 本书使用的制度衡量指标

影响国际贸易的制度因素主要集中在产权制度和合约实施制度两个方面，而对这两种制度的衡量和测度，研究者往往利用公共治理评价指标进行替代。对于公共治理评价，学者们目前主要有两派观点：一派主张通过感知数据来进行度量的系统性主观评价，比如透明国际和联合国反腐败与治理研究机构等机构所提供和沿用的方法和指标。另一派主张通过客观数据来进行度量，比如世界银行的全球治理指标（WGI, World Governmentness Indicators）和契约密集型货币指标（CIM, Contract Intensive Money）等。

本书使用全球治理指标来衡量一国的制度发展水平。该指标的制定和使用开始于20世纪90年代末，是由 Brookings Institution 的 Daniel Kaufmann 和世界银行发展经济学研究集团的 Aart Kraay 等人发起的一项研究，现在与世界银行学院的 Massimo Mastruzzi 合作研究。它通过评价借款国的治理水平与治理质量，达到降低向援助国贷款风险、提高还款率的目的。

该指标的编制数据源不但包含跨国公司的数据库，还包括各大学和研究机构发布的数据，如盖洛普国际千年调查[1]（GIMS, Gallup International Millennium Survey）、世界经济论坛公布的全球竞争力调查（GCS, Global Competitiveness Investigation）和透明国际[2]（TI, Transparency International）的清廉指数[3]（CPI, Corruption Perceptions Indicator）等，这使得它的使用范围最为广泛。世界银行学院用这一套指标对世界212个国家和地区1996—2008年的治理绩效进行了评价，评价结果自1996年首次发布以来，受到媒体、学术界和国际社会的广泛关注。全球各地的决策者和民间团队使用《全球治理指标报告》，评估各国或地区的治理水平，监督改革进程。此外，研究良政治理的成因及后果的学者也常使用本报告指标。

2009年最新数据是基于上百个变量统计合成结果，取自33个不同的组织提供的35个数据库。这些数据反映了公共部门、私人部门以及一些非政府组织的专家，连同许多公民和企业接受调查者对政府治理的观点。

根据 Daniel Kaufmann 和 Aart Kraay 等人的定义，治理是"在一个国家内权力得以实施的传统和制度"。其中包括政府的选择、接受监督和更迭的制度安排；政府有效制定和推行政策的能力；公民及国家对经济和社会关系控制制度的尊重，等等。

《全球治理指标报告》从六个方面衡量一国的治理状况：

第一，话语权与问责权（Voice and Accountability）：测度一国政治进展状况，一国公民在参与选择政府方面的范围、程度、政治权利，以及言论、结社和出版的自由程度。

---

[1] 1999年8—10月，盖洛普国际公司就人类生活中的基本价值，如民主、人权和犯罪问题征求了60个国家5万多人的看法。这一调查的结果代表的总人口达12亿。

[2] 透明国际即国际透明组织，是一个非政府、非盈利、国际性的民间组织，以推动全球反腐败运动为己任，成为对腐败问题研究最权威、最全面和最准确的国际性非政府组织。

[3] 采用10分制，10分为最高分，表示最廉洁；0分表示最腐败；8.0—10.0 表示比较廉洁；5.0—8.0 表示轻微腐败；2.5—5.0 表示腐败比较严重；0—2.5 则表示极端腐败。

第二，政局稳定与杜绝暴力（Political Stability and Absence of Violence）：政府因为违宪或使用暴力手段（包括恐怖主义行为）等原因而丧失政权稳定的可能性。

第三，政府效率（Government Effectiveness）：公共服务供给的质量、政府为民服务的能力以及公务员免受政治压力的能力；政策制定的质量以及政府承诺的可信程度。该指标是一国治理质量的决定性因素。

第四，监管质量（Regulatory Quality）：政府提供良好的政策和监管制度以便促进私营部门发展的能力。该指标反映了一国对非官方合同的政策干预所导致的交易成本。

第五，法治（Rule of Law）：行为人对社会规则的信任和遵守程度，包括财产权、治安和司法的质量，以及发生犯罪的可能性。该指标和监管质量指标都直接反映了治理的质量，强调了法律质量和合同的强制执行力。

第六，腐败控制（Control of Corruption）：衡量为做好事情而额外支付的频度、假公济私的程度，包括程度不一的腐败行为对商业环境的影响以及精英集团控制国家、参与掠夺国家财富的倾向。

后四个指标对经济发展作用更为直接，影响更为显著，尤其是在进出口领域。进出口除了受到进出口国家收入、汇率、技术以及贸易政策的影响之外，还受到本国制度环境的影响。因此，在本书所探讨的影响国际贸易的因素中，我们主要考虑政府效率、监管质量、法治和腐败控制四项指标。

（七）关于制度对一国经济增长的决定性影响

一国的贫富取决于其制度安排的观点至少可以追溯到亚当·斯密时代（例如，他关于重商主义以及市场作用的论述），在约翰·穆勒等许多19世纪的学者们的著作中也有充分的体现。[①] 他们的主要观点是：拥有好的经济制度的国家往往在经济发展上也是成功的，这些制度是国家繁荣富有的根本原因。对外贸易并非经济增长的充分条件，拥有良好稳定的宏观经济管理、运行良好的基础设施以及竞争性市场的国家比不具备这些条件的

---

① Jones, E. L., *The European Miracle: Environments, Economies, and Geopolitics in the History of Europe and Asia* (New York: Cambridge University Press, 1981).

国家贸易量更大并且更能促进经济的增长和人均收入水平的提高。

产权制度是经济制度的核心,低效的产权制度不利于整个经济运行效率的提高,有效的产权保护能够通过促进技术创新、完善市场机制、降低交易成本等多渠道促进经济效率的提高。华民、韦森、张宇燕、文贯中等将技术进步称为经济发展之"术",把制度变迁称为经济发展之"道",认为制度是一个比技术更为重要的影响经济增长的因素,它尤其对长期经济发展产生着巨大影响。而且在很多情况下,技术进步本身也依赖于制度变革[1],因此,产权制度可以通过促进技术创新与技术进步形成一国比较优势或竞争优势。

Acemoglu 建立了一个简单的导致总体经济运行不良的经济与政治制度模型。[2] 模型包括三个利益集团:工人、精英生产者和非精英生产者(即中产阶级),其中后两个集团有不同生产率,都拥有投资生产机会。在该模型中,假设由政治权力集团(即精英集团)制定政策,目标是提高自身收入并可以直接或间接地将利益从社会其他集团转移给本集团,他们可能寻求低效政策以便尽可能多地从其他集团那里攫取收入,也可能通过降低其他集团对生产要素的需求从而间接受益于要素价格的变化,或者可能试图剥夺其他集团争取政治力量的权利。假设精英集团制定的关键政策是对生产者征收扭曲税收,这里扭曲税收的概念比较宽泛,代表着导致经济中出现投资扭曲的任何政策,包括征税、征用、腐败、没收以及横征暴敛行为,这意味着产权不能够得到有效保护,私人财产随时有被征用和没收的风险。本模型被首次用来解释政策低效的形成原因。精英集团对低效政策的偏好导致低效的社会制度,这种低效的社会制度不利于整个经济运行效率的提高。

Acemoglu 从理论和实证两个角度分别探讨了经济制度的差异是经济增长差异的基础性原因。他的研究表明,对经济运行起重要作用的是社会中的经济制度,例如产权结构、市场以及市场的完善性。经济制度是重要的,原因在于它们影响社会中的经济激励结构。没有产权,个人则没有动力去进行物质资本及人力资本投资或者采用更有效率的技术。经济制度之

---

[1] 华民、韦森、张宇燕、文贯中等:《制度变迁与长期经济发展》,复旦大学出版社 2006 年版,"前言"。

[2] Acemoglu, D., "A Simple Model of Inefficient Institutions," *Scand. J. of Economics*, Vol. 108, No. 4, pp. 515-546. DOI: 10.1111/j.1467-9442.2006.00460.x.

所以重要，是因为它们有助于将资源分配到最有效的领域，它们决定谁获得收益、收入以及剩余控制权。当市场缺失或者市场的作用被忽略时（如在苏联），贸易利得没有被发掘出来，资源没有得到有效配置。拥有那些为要素积累、创新和资源高效配置提供便利的经济制度的国家往往会发展得更好。[1]

Acemoglu 从实证的角度计算了 1995 年人均 GDP 的对数值和 1985—1995 年期间产权平均值的二元变量关系。很明显，拥有相对安全产权的国家，即经济制度较优的国家拥有较高的平均收入。产权主要指的是针对财产被没收风险而实施的保护。这些经济制度数据来自政治风险服务机构，这是一家评估各国投资被没收风险的私人公司。Acemoglu 认为，这些数据作为经济制度的测度并非完善，但是研究结果比使用其他可获得的经济制度的测度要令人信服。

Knack and Keefer 等人使用合约实施和产权安全性等指标，研究分析了这些制度在经济增长中的作用，结果表明"此类制度的缺乏的确严重阻碍了经济的增长"[2]。一个国家制度越优越（或者说，社会基础设施越好、腐败越少、政府效率越高、产权越安全、人们对政府信任度越高等），其国民收入就越高。North 认为，好的政府治理也需要良好的公正的经济政策，需要政府的独立性和自主性，不良的政策会带来宏观经济的动荡，而不良的政府治理会导致非官方交易的负外部性，从而提高交易成本。历史数据表明，不同的政府政策与经济增长业绩颇有关系。[3] Landau 证明，平均而言，政府消费在 GDP 中所占份额较多的国家比其他国家的增长率要低，政府投资较多的国家似乎比其他国家增长率要高。[4] Koester and Kormendi 在平均税率不变的假定条件下研究了边际税率与社会产出之

---

[1] Acemoglu, D., Simon Johnson and James Robinson, "Institutions as the Fundamental Cause of Long-Run Growth," NBER Working Paper No. W10481, 2004.

[2] Knack, Stephen, and Philip Keefer, "Institutions and Economic Performance: Cross-Country Test Using Alternative Institutional Measure," *Economics and Politics*, Vol. 7 (1995), pp. 207-227; Borner, S., A. Brunetti and B. Weder, *Political Credibility and Economic Development* (New York: St. Martin's Press, 1995).

[3] North, D. C., *Institutions, Institutional Change and Economic Performance* (Cambridge: Cambridge University Press, 1990).

[4] Landau, David, "Government Expenditure and Economic Growth: A Cross-Country Study," *Southern Economic Journal*, Vol. 49 (1983), pp. 783-792.

间的关系，研究结果表明，边际税率的高低与产出的增长呈反相关关系。[1] Kuznets 试图总结日本、中国台湾和韩国成功地实现经济增长的共同特性。他的研究结果表明，这三个国家（或地区）均采取了鼓励公司和企业发展的政策，并取消了对商业活动的管制与限制。[2]

曼瑟·奥尔森在《权力与繁荣》中提出了国家兴衰的根本原因以及同样是市场经济国家，有些经济繁荣而另外一些却遭受贫困的原因等问题。他将政府权力引入经济增长分析中，说明了国家权力与私人权利（或政府与市场）之间的相互关系决定了一国的繁荣程度。一个政府如果有足够的权力去创造和保护个人的财产权利，并且能够强制执行各种契约，同时政府还受到约束以致不能剥夺或侵犯私人权利，也就是说，在该国，既存在可靠且明确界定的财产权利和公正的契约执行权利，又不存在任何形式的巧取豪夺，那么该国的经济便可获得成功。第二次世界大战后，许多观察家期望联邦德国、日本和意大利仍然保持长时间的贫困。美国考虑的是，要使这些国家的人活下去的话，可能还需要为他们提供多年的食品供应。实际上，三个失败的轴心国随着战争限制和占领的结束，很快便拥有了快速的经济增长。相反，当苏联共产主义崩溃后，那些经历过苏联式经济体制困扰的人们和许多西方观察家一样期待着经济绩效会得到极大的改观。实际上，在许多前共产主义国家，经济绩效甚至比共产主义统治时期还要糟糕。每一个前共产主义国家都面对着产量滑落的局面，很多国家还需要很长时间才能够恢复。[3] 在奥尔森看来，发展中国家以及转轨国家经济落后的最大挑战不在于资本或资源的匮乏，而在于它们很难组织起大规模的分工、交换等市场活动，特别是高质量的政府活动，提供高质量的产权保护以及合约实施保障。个人权利得到最有效保护的国家同时也是拥有最高人均收入的国家，或者说，当今世界大部分国家的人均收入水平低下是因为它们缺乏可靠的个人权利。

---

[1] Koester, Reinhard B., and Kormendi, Roger C., "Taxation, Aggregate Activity and Economic Growth: Cross-Country Evidence on Some Supply Side Hypotheses," *Economic Inquiry*, Vol. 27 (1989), pp. 367-386.

[2] Kuznets, Paul W., "An East Asian Model of Economic Development: Japan, Taiwan, and South Korea," *Economic Development and Cultural Change*, Vol. 36 (1988), pp. 11-43.

[3] ［美］奥尔森：《权力与繁荣》，苏长和译，上海人民出版社2005年版，第3页。

第二次世界大战后，全球化进程的不断深入为很多国家的经济发展带来了契机，国际贸易使得资源配置在更大范围内进行，效率得到有效提高。Ruben Segure-Cayuela 通过对一些数据的比较研究发现，贸易量大的国家普遍拥有较高的人均收入，但是许多欠发达国家人均收入并没有随着贸易量的大幅度增加而相应增加。这说明，贸易与收入之间的正相关关系是有条件的。[①] 他的研究表明，发达国家与欠发达国家在制度设置上的较大差异是导致两类国家同样发展对外贸易但在经济上却拉开了差距的重要原因，欠发达国家的制度缺乏效率，经济运行中广泛存在的腐败、横征暴敛以及不安全的产权等特征是导致该类国家在世界贸易中获益较少甚至利益受损的关键。

Segura-Cayuela 通过对 1960—1995 年世界主要国家的贸易量和人均收入的数据调查分析，认为贸易量大的国家普遍拥有较高的人均收入。

他在研究中发现，20 世纪 60 年代以来，一些欠发达国家虽然在国际贸易与投资方面都有了突破性的进展，但经济发展效果并不明显。是什么导致贸易没有正常发挥其促进经济增长的作用呢？作者根据一国制度对政府行为约束程度的强弱不同将这些国家分为两大类。一类对政府部门的约束和限制较少或者根本没有，它们多属于独裁政治的国家；另一类对政府部门的行为有较强的限制，多属于民主制国家。在此分类基础上，作者分析了不同制度环境下，贸易与经济增长之间是否还能呈现出正相关关系。

研究结果表明，对多数民主制国家来讲，人均贸易和人均收入间的正相关关系比较明显，但这种关系在民主性较弱的国家中则不明显。或许有人认为，这种情况与全球化无关或者这是由于民主性较弱的国家对外贸易开放不够造成的。但是，这些国家的外贸依存度已经由 1960 年的 33% 上升到 2000 年的 60%。尽管绝大多数的国际贸易都发生在发达国家之间，但欠发达国家的贸易量远远超过了 40 年前，这也是不争的事实。如此看来，贸易与收入的正相关关系是有条件的，这个必备的条件就是适宜的制度安排。

（八）简要述评

虽然利用上述结论来解释安全产权与经济增长和国际贸易之间的因果

[①] Segura-Cayuela, R., "Inefficient Policies, Inefficient Institutions and Trade," Banco de Espana Research Paper No. WP-0633, 2006.

关系是十分具有诱惑力的，它说明了建立安全产权可以带来经济繁荣和贸易的发展。然而，得出这种结论时往往存在着众所周知的问题：首先，可能存在反向因果关系，即或许只有足够富裕的国家才有能力强制实施产权保护。其次，更重要的是，可能存在缺省变量偏离的问题。也可能是其他因素，比如地理位置，可以解释这些国家贫困而且没有安全产权问题的原因。因此，如果这些缺省的因素决定了制度和收入，那么，我们就人为地推导了经济制度和收入与国际贸易之间的因果关系，而实际上这种关系可能根本不存在。

二 国家制度变迁理论

新制度经济学家以强有力的证据向人们表明，制度是经济理论除三大传统柱石（天赋要素、技术和偏好）之外的第四大柱石，制度在经济增长与经济发展中是至关重要的。[1] 土地、劳动和资本这些生产要素，只有在适宜的制度环境下才可以充分发挥其功能，因此，制度对经济行为影响的相关分析应该是经济学研究的核心内容。

近几十年来，国际竞争有了新的发展，呈现出新的特征。在很大程度上，各国之间的政治经济文化竞争就是不同制度系统之间的竞争。尽管国与国之间、地区与地区之间制度的竞争看不见、摸不着，但却是客观存在的，并且越来越激烈，甚至有经济学家将经济全球化过程直接定义为制度的全球化过程。新兴工业化国家和经济欠发达国家的人们也已经意识到，传统的经济增长理论没有涉及经济发展中最重要的、真正具有本质影响能力的因素，特别是没有涉及实现自由、经济繁荣和安全的制度发展问题，他们开始努力仿效发达国家的成功制度，进行制度改革与变迁。20世纪80年代末开始的原中央计划经济国家的经济制度转轨就是要寻求一个更有效率、更适宜经济增长的经济制度。中国三十余年的改革开放过程是"摸着石头过河"的过程，实际上就是一个寻找一项"好的"制度的过程，而"好的"制度，就是交易成本低的制度。张宇燕、高程强调制度变化给一国贸易与经济增长所带来的决定性影响，他们认为，正是美洲金银流入西欧，导致西欧制度发生了巨大变迁，从而带来了对外贸易的增

---

[1] 卢现祥：《西方新制度经济学》，中国发展出版社2003年版，第2页。

加，促进了西欧社会经济的大发展。①

根据世界银行公布的 2009 年《全球治理指标报告》，1998—2008 年，许多欠发达国家通过改革取得了国家治理水平的显著提高，这意味着改革必定能够改善治理质量。这些国家虽然国家治理水平的起点很低，但都取得了治理质量的明显改善。例如，中国、哥伦比亚和卢旺达在政府效率方面，刚果和格鲁吉亚在管制质量方面，拉脱维亚、利比里亚和卢旺达在法治方面以及印度尼西亚、利比里亚和塞尔维亚在腐败控制方面的改善，都是很好的例证。

(一) 几个基本概念

1. 国家制度和国际制度

所谓国家制度，是一国在政治领域或政体辖区内由内在制度和外在制度或由非正式制度和正式制度通过渗透、演化、互补与兼容而构成的一个制度均衡体系。这一体系涵盖了经济活动的各个层次，它不仅仅是该政体内各参与人之间重复博弈的结果，还制约着各参与者的决策互动。在这一制度体系中，"自主权、可靠的私人产权和竞争市场的协调能力，以及专注于保护那种秩序并避免歧视性过程干预的政府"是至关重要的。② 这些制度的特征、质量及效率为一国的经济增长及其在国际上的竞争地位提供了制度系统上的保证，并决定了该国在国际制度竞争中的策略运用与竞争状态。

与国家制度相对应，国际制度是指跨政治域或全球范围的多种国家制度示范比较、竞争、互补兼容并不断演化而形成的全球制度均衡体系。作为全球范围内的整体性制度安排，国际制度包括组织场、公司治理、金融、劳务和产品交易、产权界定和合同实施、社会交换和政治域等制度要素，而且这些制度要素相互依存，共同组成一个体系。③ 国际经济活动以有效的、复杂的制度为基础，各种国际制度性安排和组织性安排是为了克服国际交往中的各种障碍，降低国际交易成本，建立和维护可靠的竞争秩

---

① 张宇燕、高程：《美洲金银和西方世界的兴起》，中信出版社 2004 年版。
② [德] 柯武刚、史漫飞：《制度经济学——社会秩序与公共政策》，商务印书馆 2004 年版。
③ [日] 青木昌彦：《比较制度分析》，周黎安译，上海远东出版社 2001 年版，第 26—29 页。

序，并对国家制度在一定程度上形成了约束。

一国在参与国际经济文化交流的过程中，需要国家制度与国际制度协调一致。事实上，国家制度与国际制度不相容是许多国家进行制度变迁的重要原因。一国制度变迁可以直接从其他国家引进，但是国内制度中的许多因素是根深蒂固的，需要较长时间的磨合才能与引进的制度真正融合。因此，一国在制度变迁过程中，既要考虑引进先进制度，也要考虑国际制度与本国国内制度的相容性。

2. 制度成本与制度竞争力

所谓制度成本是指由制度安排的差异性而导致的在经济过程和政治过程中形成的运行成本。根据成本形成的不同原因，制度成本可分为内源性制度成本和外源性制度成本。前者由制度本身的特性、质量、效率决定，后者的形成则比较复杂。导致外源性制度成本的因素主要体现在两个方面：一是由于国际交易中各国在政府政策、法律法令等外在制度上以及在文化传统所导致的价值观和行为规范等内在制度上都存在着差异，这会导致贸易中摩擦、不信任以及由于这些差异所带来的各种生产要素在世界各国之间交流与流动中成本的额外增加；二是由于各国制度体系与国际制度体系差异所带来的国际性制度接轨成本，包括一国的内在制度与国际性内在制度，如一系列通行于一国和国家间的商业习俗、常规惯例等的协调和执行成本，还包括一国的外在制度与国际经济制度，如世界贸易组织规则、国际投资规则等的协调、服从和执行成本等。

在国际经济活动中，一国的制度系统和国际制度系统的协调与兼容对制度成本水平的影响极大，成为国际交易中的关键要素，是一国国际竞争力或区位竞争力的重要组成部分。制度成本的高低决定着不同政区制度的优劣程度和制度竞争力的高低。显然，制度成本低的政区具有制度优势，它赋予该制度或制度体系以较高的竞争力，而制度成本高的政区则不具备优势，因而会缺乏竞争力。许多国家制度运行成本过高，制度缺乏竞争力，是它们进行制度变迁的又一重要原因。

3. 国际制度竞争中的行为主体

国际制度竞争是全方位、多层次和多主体的。其行为主体主要是自然人、法人和政府。国家及其组织形式——政府在国际制度竞争中扮演着关键的角色。发展经济学把国家看作是在发展过程中的外生变量或一个"慈爱"角色，新古典经济学家假定制度并不重要，但事实上国家不能再被看作发展政策的外生变量。国家决定产权结构，因而国家最终要对造成经济增长、衰退或停滞的产权结构的效率负责。国家是制定、修改和变动外在规则的主角，是外在制度的主要提供者。国家要对一国外在制度的效率负责，要对其与国际制度的协调与执行负责。

个体和企业在国际制度竞争中也起着积极的能动作用。个体作为人力资本的所有者，拥有独一无二的所有权。巴泽尔把人力资本称为"主动资产"，这种资产在不同的制度环境下具有不同的生产力，因此制度的优越决定着人力资本效率的高低。个体可以依其对自由、正义、安全、经济价值和经济福利的强烈偏好，能动地选择制度，选择开放或关闭，而前者是创造性的源泉。[①] 有才能的和积极进取的个体进行跨政区流动是国际制度竞争的结果，对国家制度和国际制度的演化起着重要的催化作用。

企业作为国际经济活动的主体会依据其对不同区位预期利润率的比较，依据不同经济系统的开放程度、贸易自由、迁徙自由、货币出入境自由，以及保障这些自由的基本规则，而在不同政区的制度体系间做出选择，决定进入或退出，由此推动区位创新。因此，企业组织在国际制度竞争中是最具活力的主动行动者。

这些行为主体在发挥各自主观能动性的过程中，势必会追求那些成本低、竞争力高的国内制度和国外制度，以实现自身价值的充分体现或最大化。当各项制度在运行过程中出现成本高、不相容或落后陈旧的情况时，制度变迁就成为必然。

(二) 制度变迁的本质和种类

卢现祥认为，制度变迁就是"制度的替代、转换和交易"过程。"作为一种'公共物品'，制度同其他物品一样，其替代、转换和交易过程也都存在着种种技术的和社会的约束条件。制度变迁可以被理解为一种效益更高的制度对另一制度的替代过程。在这个过程中，实际制度需求的约束条件是制度的边际替代成本。""制度变迁还可以被理解为一种更有效益的制度的产生过程。在这个过程中，实际制度供给的约束条件是制度的边际转换成本。微观经济学理论表明，由于边际收益递减，生产最优规模的约束条件是边际转换成本等于边际收益。类似的，实际制度供给的约束条

---

① [美] 巴泽尔：《产权的经济分析》，费方域、段毅才译，上海人民出版社2006年版。

件是制度的边际转换成本等于制度的边际收益。"①

新制度经济学者一般把制度变迁分为诱致性制度变迁和强制性制度变迁两种类型。诱致性制度变迁指的是现行制度安排的变更或替代,或者是新制度安排的创造,它由个人或一群人,在响应获利机会时自发倡导、组织和实行。这种制度变迁的发生必须由某种在原有制度安排下无法得到的获利机会引起。从初始制度均衡到制度不均衡,再到制度均衡,周而复始,这个过程就是人类制度变迁的过程。而强制性制度变迁由政府命令及法律引入和实现,它可以纯粹因在不同选民集团之间对现有收入进行再分配而发生。这种制度变迁的主体是国家,国家的基本功能是提供法律和秩序,并保护产权以换取税收。强制性制度变迁的有效性受多种因素的影响和制约,比如,统治者的偏好和有限理性、意识形态刚性、官僚政治、集团利益冲突和社会科学知识的局限性以及国家的生存危机等。②

(三) 制度变迁的因素

制度因素对一国经济发展及其国际经济地位的提升起着重要作用,这一点已为越来越多的国家和人们所认识。一国的制度系统对该国在国际竞争中的地位,对于一国能否从经济全球化中获益,利用全球资源尤其是全球资本市场、企业市场、技术和人才市场,都具有至关重要的意义。

制度已经成为国际竞争的重要方面,各国政府已经不同程度地参与了竞争,形成了国际性制度竞争的新局面。③ 可跨国移动的生产要素的所有者在为所持有的生产要素选择国家时,就意味着要在各种不同的制度系统中做出选择取舍,而一国的制度体系对该国产品的成本水平影响极大,因此对各国政府而言,对制度的选择意味着一个制度竞争的问题,即各国政府如何加强本国制度建设,以获取(或保持)竞争优势的问题。

尤其在新经济时代,经济开放是各国政府对外经济政策的主旋律,全球经济融合程度日益加深,资源跨国界流动的速度、规模前所未有。在这样一个大环境之下,制度竞争的重要性日益明显。在全球资源既定的背景下,哪一国的制度体系更具竞争力,就更能吸引高质量的资源。于是一国

---

① 卢现祥:《西方新制度经济学》,中国发展出版社 2003 年版,第 80 页。
② 同上书,第 112 页。
③ 宋玉华:《经济全球化的制度竞争》,张幼文、黄仁伟等:《制度竞争与中国国际分工地位》,上海远东出版社 2003 年版。

在国际制度竞争中处于何种地位，直接关系到其在经济全球化中的利益分配。例如，在国际投资和国际生产领域，尽管世界国际投资流量不断增加，但它只集中于少数几个国家。1999 年，发达国家吸收的 FDI 流量为 6360 亿美元，占世界 FDI 流量的将近 3/4。10 个发展中国家和地区所吸收的 FDI 占流入发展中国家和地区的 FDI 总量的 80%（World Bank，2000）。当前全球经济发展与绩效参差不齐，这无疑与各国制度体系与制度竞争力有着极大的关系。因此，早在 1996 年世界经济论坛就指出，制度作为经济增长的内生变量在构成区位国际竞争力的所有方面，如经济对国际贸易和国际金融的开放性、政府预算和政府管制的作用、金融市场的发展、基础结构的质量、技术的质量、企业管理的质量、劳动力市场的灵活性以及司法制度和政治制度的质量等，都起着关键的基础性的作用。

从反证的角度，Daron Acemoglu 建立了一个关于精英集团专制的国家制度无效的简单模型，介绍了产权保护无效如何导致了经济运行不良、资源分配不优的状况。[①]

在该模型中，一国制度由该国拥有政治权力的集团制定，制度为政策的制定提供了框架。因此，各国在不同的制度条件下会产生不同的政策与收入分配机制，这些政策和收入分配机制会进一步导致各国不同的经济运行状况。拥有政治权力的精英集团有着将社会资源从其他社会集团再分配给自己的欲望，他们会倾向于制定和推行那些即使对社会无益但对本集团有利的无效政策。精英集团通过这些政策直接或间接地获取经济资源并进一步巩固自己的政治权力，其他集团在产权得不到有效保护的情况下越发贫困，得不到有效的生产激励，造成社会产出萎缩，经济增长停滞。也就是说，即使中产阶级拥有了产权，这种产权也是不完全的或者是无效的，因为产权的保护从来都是与国家分不开的。只要政治权力掌握在少数精英手中而不是中产阶级手中，产权保护的不完善终究会导致产权制度的无效性。

此外，在生产过程中需要进行长期投资或者专用性投资的时候，往往还会出现承诺问题或套牢问题（也称"敲竹杠"）。经济交换领域可以借助于权威或第三方来强制履行契约，最终力量亦来自于国家。当不存在一

---

① Daron Acemoglu, "A Simple Model of Inefficient Institutions," *Scand. J. of Economics*, Vol. 108, No. 4, pp. 515-546. DOI: 10.1111/j.1467-9442.2006.00460.x.

个公正的第三方使契约得到强制执行时，政治上的承诺问题也就出现了。① 这种承诺问题来自于政治权力的特殊性，在垄断的政治权力之外不存在一个公正的第三方来执行协议，它必须是自我实施的。② 也就是说，精英们对中产阶级征税或者财产没收决策是在中产阶级投资后进行的，他们制定的政策往往与做过的承诺不符，导致中产阶级的专用性投资得不到有效保护，丧失了投资的积极性，从而不利于投资生产的进行。在这种承诺问题存在的情况下，税收往往很高，扭曲严重，总经济运行状况比较糟糕。

很明显，在 Acemoglu 的模型中，我们可以将精英集团视为从中产阶级集团里脱离出来，拥有了政治权力的小部分经济行为人。中产阶级虽然拥有私产，但是这些私产却得不到足够的或者让人信服的保护，他们的劳动成果或者通过税收被直接掠夺，或者由于被迫接受由精英集团控制的价格而减少了利润，并不具有真正的或者事实上的产权，不利于作为社会主要生产力量的中产阶级的生产行为，从而造成整个社会经济运行不利。在这种情况下，制度变迁在所难免。

周其仁应用"法权的和事实的产权不相一致"框架分析了公有制企业市场化改革的逻辑。③ 他认为，在公有制条件下，一切物质资本和财物资本都归公所有，资产所有权属于国家或集体而不属于任何个人，也不属于个人所有权任何形式的集合，个人不得拥有任何生产性资源的合法权益，仅仅拥有非生产性的生活资料。个人甚至也不准拥有其本人人力资本的法律所有权。但经济资源在法律上的所有权和事实上的所有权并不总是一样的，这种不一致导致总会有人出于私利而试图获取公共领域资源的价值，并建立事实上的排他性权利。④ 在法权上否定个人拥有生产性资源产权的条件下，公有制企业成为非市场合约性的组织，消除了由市场纠正企业出错这种保证企业效率的机制。此外，巴泽尔把人力资本理解为天然属于个人的财产，认为在个人财产得不到社会法权承认和保护的情况下，个

---

① 在实施专制政体的国家里，君主向民众承诺实行民主是不可信的；同样，劝说独裁者放弃权力并承诺给其补偿同样是不可信的。

② 见 Acemoglu, Daron, Johnson, Simon H. and Robinson, James A., "Institutions as the Fundamental Cause of Long-Run Growth," CEPR Discussion Paper No. 4458, 2004.

③ 周其仁：《产权与制度变迁：中国改革的经验研究》，社会科学文献出版社 2002 年版。

④ 巴泽尔将私人对公共领域资源实际拥有的权力称为"福利攫取"，这会带来社会福利损失或租金耗散。

人可以凭借事实上的控制权关闭有效利用其人力资源的通道，从而增加别人利用其人力资源的成本，降低人力资源的价值。这就造成公有制企业面临一种内在的紧张。为了充分动员在事实上仍然属于个人的人力资本，公有制企业用国家租金激励机制来替代市场交易和利润激励机制，但是又造成了滥用控制权并且向现职倾斜的分配倾向。① 而私有产权的排他性把资产的使用渠道及其相应后果紧密联系起来，也就是说，私有产权所有者的经济行为是要从个人利益最大化出发经过成本收益核算的，这使得他们获得了正向的激励以寻求最高的生产效率。同时，产权的排他性决定了产权的可转让性，为资源从低生产力所有者流向高生产力所有者或者从使用效率低的所有者流向使用效率高的所有者提供了条件，从而使社会资源得到更优化配置。总之，"产权的排他性和可转让性决定了产权是经济动力和经济效益的源泉"②。

（四）制度变迁的成本与收益

制度变迁是制度的替代、转换和交易过程。在此过程中，原有的低效制度往往被一种效益更高的制度所代替。成功的市场化制度变迁将会带来生产效率提高、信息较完全、物质较丰富等，这对社会来说是收益；同时，任何的制度变迁都会在宣传、实施过程中产生一定的成本，因此，制度变迁与否最终取决于成本和收益的比较。诺斯认为："如果预期的净收益超过预期的成本，一项制度安排就会被创新。只有当这一条件得到满足时，我们才可望发现在一个社会内改变现有制度和产权结构的企图。"③ 也就是说，经济体制改革能够进行的前提条件是新制度运营起来之后，能提供的净收益大于旧制度的净收益。

制度变迁的路径不同会产生不同的成本和收益，因此，成本与收益的比较会导致不同国家在不同的历史背景条件下通过不同的路径实施制度变迁。在制度改革的收益成本核算中，主流的西方经济学家往往假定改革的收益就是市场经济带来的竞争条件下的高效率，旧体制的收益可以由已存在的历史经验数据得到或确定下来，僵化不变的体制的收益能力也是大体

---

① ［美］巴泽尔：《产权的经济分析》，费方域、段毅才译，上海人民出版社2006年版。
② 许新：《转型经济的产权改革》，社会科学文献出版社2003年版，第24页。
③ L. E. 戴维斯、D. C. 诺斯：《制度变迁的理论：概念与原因》，R. 科斯，A. 阿尔钦，D. 诺斯等：《财产权利与制度变迁》，上海人民出版社2004年版，第274页。

不变的。因此，改革成本的大小决定了新制度运行所能提供的净收益，从而进一步决定改革与否。因此，最优的改革方式或者说改革激进程度应该取决于使得具体实施国家改革总成本最小的那个选择。

樊纲将改革成本分为改革的实施成本和改革的摩擦成本两大类。① 他认为，改革的实施成本与改革实施的速度或者需要经历的时间有着密切的关系。所谓改革的实施成本是改革过程开始之后一切由体制决定的"消息不安全"、"知识不安全"、对未来制度预期的不稳定所造成的效率损失（以理想的最优状态为参照系）。这种成本是伴随着体制的转换而产生的，是不可避免的。不同的改革方式造成的总效率损失不同：激进式的改革可能一开始会出现较大的"震荡"，从而造成较大的损失，但若能在较短时间内完成过渡，损失会迅速减小；而渐进式改革则会因经济长时期处于信号扭曲的状态之中，经济损失的总额会更大。② 也就是说，改革的实施成本是改革的实施速度或激进程度的减函数、改革所需时间的增函数。因此，由于实施成本的存在，许多改革理论更倾向于"激进方式"，而不是"渐进方式"。在激进主义者看来，人的理性是有限的，而社会是复杂的，制度变迁过程存在着很大的不确定性，因而，主张局部的渐进式的改革，反对全面的大规模的社会变革。青木昌彦认为，经济是一个复杂的进化系统，其内部具有自我强化的机制，不同制度之间存在着互补性，互补性越强，改革的成本就越高。同时进行大规模经济改革时，即使总的方向已经确定，改革的结果和过程也会有很大的不确定性，制度发展过程中还必然会产生形形色色的利益集团，给体制改革的推进带来政治上的困难，因此，渐进式改革更可取。③

改革的摩擦成本是指因社会上某些既得利益集团对改革的抵触和反对所引起的经济损失。体制改革实际上在人们之间形成了一种新的利益关系，总会有部分人的利益受到损害，这种利益损失如果得不到有效的补偿，自然会遭受到利益损失集团或个人的反对和阻碍，造成各种经济上的损失和资源的浪费。樊纲认为，在其他一切条件给定的情况下，摩擦成本是改革激进程度的增函数，是改革方案所需时间长度的减函数，因此，摩

---

① 樊纲：《两种改革成本与两种改革方式》，《经济研究》1993年第11期。
② 例如，在进行从计划定价向市场定价的改革时，如果能缩短实行价格双轨制过渡的过程，就可以减少甚至避免由价格双轨制所造成的腐败的发生。
③ [日]青木昌彦等：《经济体制的比较制度分析》，中国发展出版社1999年版。

擦成本的存在使人们更倾向于采取激进的方式，放慢改革对经济的冲击，让人们对利益格局的改变有一个慢慢适应、接受的过程，避免激进式的改革所造成的社会矛盾的突然激化。激进式改革的倡导者认为，经济体制中的各个部分是相互联系的，因而部分改革不可能取得成功；充分发挥市场的作用必须取消行政干预；只有全面快速的改革才能使新制度的受益者在力量对比上获得优势，减少改革的阻力；政府必须尽快控制通货膨胀以取信于民；局部改革虽然能持续推进，但它同时会保留旧制度的残余；只有明确、迅速地建立新的"游戏规则"，才能避免经济的混乱、人为的干扰和体制复归；新政府必须充分利用大选得胜后的"蜜月期"来加快改革。[①]

另外，制度变迁初始条件的不同也会对过渡方式的选择产生决定性的影响。经济学家普遍认为，经济停滞的时间越长，社会经济危机越严重，制度变迁所遇到的社会阻力越小，制度变迁的摩擦成本越低，就越有可能走上激进式制度变迁的道路。而那些经济增长状况相对较好，社会经济危机相对较轻的国家，制度变迁中的阻力就会越大，人们越倾向于选择渐进式制度变迁的过渡方式。

三 国际贸易理论

国际贸易理论的发展源远流长。从亚当·斯密（Adam Smith）的绝对优势理论开始，到大卫·李嘉图（David Ricardo）的技术差异比较优势理论和赫克歇尔—俄林（Eli F. Heckscher, Bertil Gotthard Ohlin）的要素禀赋论，再到以迪克希特（Dixit, A. K.）、斯蒂格利茨（Stiglitz, J. E.）、格鲁贝尔（Grubel, H. G.）、格罗斯曼（Grossman, G. M.）、克鲁格曼（Krugman, P. R.）、赫尔普曼（Helpman, E.）等人为代表的新贸易理论，最后到乔赛亚·塔克（Josiah Tucher）和杨小凯提出的新兴古典贸易理论及迈克尔·波特（Macheal Porter）的竞争优势理论，基本上遵循了一个从完全竞争市场条件下比较优势理论到不完全竞争市场条件下的比较优势理论，从产业间贸易理论到产业内甚至是公司内贸易理论，从静态国际贸易理论到动态国际贸易理论，从完全分工贸易理论到不完全分工贸易

---

① Ian Jeffries, *Socialist Economics and the Transition to the Market* (Routledge Press, 1993).

理论的演进过程。这些理论从不同角度阐述了国际贸易发生的原因和模式，同时也体现了自由贸易可以使资源在全世界优化配置的思想，贸易可以通过分工和交换给贸易国带来利益，促进经济增长。

传统经济理论认为，资本、劳动、土地是经济运行的三大支柱性生产要素，在完全竞争市场结构中，给定技术条件，生产就可以有效进行。

通常的生产函数为：

$$Q = f(K,L,T,E) \qquad (2\text{—}1)$$

其中，Q 表示产品产出，K、L、T、E 分别代表资本、劳动、土地和企业家才能等生产要素。各国商品相对价格由商品的相对供给和相对需求来决定。

与之相对应，主流国际贸易理论认为，国际贸易发生的直接原因是商品相对价格在国家间的差异，因而，国际贸易理论从相对供给角度和相对需求角度分别进行了探讨。从需求角度，假定各国商品供给无差异，由于各国对商品需求偏好不同而造成各国间商品相对价格存在差异，从而出现商品的跨国流动。从供给角度，假定各国对商品的需求偏好无差异，商品供给上的差异会造成各国间商品相对价格的不同，从而出现商品的跨国流动。大多数国际贸易理论都是从技术差异、要素禀赋差异、市场结构特点等供给角度讨论相对价格差异形成原因的。

（一）古典国际贸易理论

古典国际贸易理论主要包括亚当·斯密的绝对优势成本理论和大卫·李嘉图的比较优势理论，这两个理论都是把两国技术差异看作贸易发生的基础。在两国两部门单一生产要素模型里，生产技术的不同造成了劳动生产效率的不同，因此，两国在两种产品的生产上分别具有绝对优势或者比较优势。在开放条件下，两国通过完全专业化分工并对产品进行交换，获取分工和贸易的双重好处。在以技术差异为基础的国际贸易理论中，生产要素和商品市场都是完全竞争的，两国要素禀赋不发生变化，且不能在国际间流动；交易成本为零，尤其是在不存在制度环境对贸易的影响情况下。两国只要存在技术上的差异就可以了，每一方都确定契约可以得到合意地实施和履行，因而预期获取潜在的贸易利益不存在风险。

假定世界由本国 A 和外国 B 两个国家组成，仅使用一种生产要素（劳动，L）生产 X 和 Y 两种商品，本国生产两种产品的单位产品劳动投

入分别为 a_{LX} 和 a_{LY}，外国生产两种产品的单位产品劳动投入分别为 b_{LX} 和 b_{LY}。两国在生产技术上存在相对差异，假定 A 国在 X 产品的生产上具有相对高的技术水平，则有：

$$\frac{a_{LX}}{a_{LY}} < \frac{b_{LX}}{b_{LY}} \qquad (2—2)$$

在完全竞争和交易成本为零的假设条件下，两国在自封闭经济条件下商品的相对价格等于其机会成本，则有：

$$\frac{P_{AX}}{P_{AY}} = \frac{a_{LX}}{a_{LY}}, \frac{b_{LX}}{b_{LY}} = \frac{P_{BX}}{P_{BY}} \qquad (2—3)$$

由公式（2—2）和公式（2—3）可以看到，A 国 X 产品的相对价格低于 B 国该商品的相对价格，即 A 国在 X 产品的生产上具有比较优势，A 国专业化生产并出口 X 产品，B 国专业化生产并出口 Y 产品。很显然，两国技术水平的差异是国际贸易产生的原因。

（二）新古典国际贸易理论

要素禀赋以赫克歇尔和俄林为代表，建立了两国两部门两要素模型，假设两国要素禀赋存在着差异，两部门生产中两要素投入比例不同，且规模报酬都不变，由技术差异理论的单要素模型发展到两要素甚至多要素模型。该理论认为，在两国技术水平、需求偏好相同的条件下，两国要素禀赋差异造成了两种生产要素相对价格的差异，从而进一步导致了密集使用这两种要素的产品的相对价格出现差异，国际贸易由此发生。一国专业化生产并出口密集使用本国比较丰裕的要素的产品。在本模型中，两国生产技术完全相同，不存在制度因素对生产和商品流通的影响。要素禀赋的差异直接形成了要素价格的差异，进一步导致商品价格的差异。

假定 A 国和 B 国应用两种生产要素（即劳动和资本，L, K）生产 X 和 Y 两种产品。A 生产单位 X 所投入的 L 和 K 分别为 a_{LX} 和 a_{KX}，生产单位 Y 所投入的 L 和 K 分别为 a_{LY} 和 a_{KY}；B 生产单位 X 所投入的 L 和 K 分别为 b_{LX} 和 b_{KX}，生产单位 Y 所投入的 L 和 K 分别为 b_{LY} 和 b_{KY}，假定 X 产品是劳动密集型商品，则有：

$$\frac{a_{LX}}{a_{LY}} > \frac{a_{KX}}{a_{KY}}, \frac{b_{LX}}{b_{LY}} > \frac{b_{KX}}{b_{KY}} \qquad (2—4)$$

只要 A 国和 B 国存在要素禀赋上的差异，假定 A 国劳动禀赋丰裕，则 A 国在 X 产品的供给上具有相对高的能力,则 X 在 A 国的相对价格低于 B 国,也就是说,A 在 X 产品生产上具有比较优势。同样,在完全竞争和交易成本为零的假设前提下,这种要素禀赋和产品要素密集度的差异会导致产品相对价格差,国际贸易也会发生。

(三) 新贸易理论

以克鲁格曼和赫尔普曼为代表的新贸易理论是建立在不完全竞争和规模经济的前提假设之上的,比上述两种理论更具有现实意义。不完全竞争市场使得各国生产者在本国产品上拥有一定的垄断能力,形成了差异产品;规模经济的存在鼓励他们拓展海外市场以寻求更高的利润空间。两种因素造成了收入水平相似国家间尤其是发达国家间大量的产业内贸易。对二战后大量出现在发达国家间制造品的产业内贸易给出了有力的解释。

以某垄断竞争行业为例,假定行业需求为 S,有 n 家企业平分市场,每家产量 Q 为 S/n,产品具有差异性,代表性厂商对自己的产品有一定的垄断能力,但产品之间存在着较强的相互替代性,对每家厂商产品的需求取决于其他相似产品的价格和该行业厂商数量,由于规模经济的存在,代表性厂商的平均成本随产量的增加而下降,假定固定成本为 F,产量为 Q,平均可变成本为 c,则平均成本为:

$$AC = \frac{F}{Q} + c = n \cdot \frac{F}{S} + c \qquad (2-5)$$

可以看到,当国家开放市场时,该行业需求 S 增大,AC 会下降,同时国际市场上厂商数量超过 A 和 B 在封闭经济条件下的厂商数量。因此,国际贸易会带来大市场效应,不仅会使平均成本下降,从而带来商品价格的下降,还能使消费者有更多的差异产品选择,从而带来福利的提高。由此可见,只要存在规模经济和不完全竞争的市场,即使两国不存在技术差异或要素禀赋差异,国际贸易仍然可以发生。

(四) 简要述评

有限理性、信息不对称以及外部性诸多因素都会使得交易成本必然存在,且国际贸易中的交易成本往往大于国内交易。制度的出现就是为了降低交易成本,因此,制度对国际贸易的影响是不容忽视的。

在早期重商主义时期,人们就开始注重国家对跨国交易的干预与控制，对贸易实施奖出限入的政策，影响着贸易模式和贸易规模。然而从亚当·斯密开始，自由贸易理论逐渐成为国际贸易理论的主流。不论是古典国际贸易理论从技术差异角度，还是新古典国际贸易理论从要素禀赋角度，以致新贸易理论从规模经济和不完全竞争角度，都阐述了一个主题，那就是自由贸易能够使世界资源配置得到优化。但是，这些理论所谈的国际贸易发生的原因，或者是国际贸易的影响因素，都仅仅是国际贸易的直接影响因素，最深层次的决定因素并没有得到体现。也就是说，这些理论并没有给出各国形成不同的生产率、不同的要素丰裕程度以及不同的市场结构的最根本原因。一国的技术不是一开始就被定格在高或低的水平之上的，一国技术先进与否在很大程度上取决于该国对技术创新的激励以及提供的环境和条件。李嘉图理论没有探究生产效率差异的深层次原因，因此也就不可能提出决定相对价格差的根本原因。新古典贸易理论也在一开始就假设两国要素禀赋存在着差异。事实上，要素禀赋状况除了受自然地理环境和历史渊源等因素的影响外，在很大程度上受一国制度安排的影响，尤其是受资本、劳动力和企业家管理才能等生产要素的影响。在新贸易理论中，不完全竞争市场的形成和规模经济也受到制度的影响，国内垄断企业在海外开拓市场的方式及效率也在很大程度上取决于该国政府采取的补贴等措施。此外，这些贸易理论都一致认为，只要交易利益存在，国际贸易就会发生，忽略了跨国交易中远远高于国内贸易的显性和隐性交易成本对国际贸易的影响。

四　小结

第一，制度是一个社会的游戏规则，它是为决定人们的相互关系而人为设定的一些制约，由正式的规则、非正式的约束和它们的实施机制组成。大量的研究表明，制度是一国经济长期增长的决定性因素。一国的制度设置影响着一国的技术、资本、劳动、市场等可以直接形成比较优势的因素，而交易的达成还必须使得潜在交易者确信贸易合约能够得到有效实施以实现预期贸易利益。本书将研究重点放在合约实施制度和产权制度上，将这些制度视为外生变量，用以反映一国国际贸易制度环境，探讨制度对国际贸易的影响。

第二，在对一国制度尤其是与国际贸易密切相关的制度做出衡量与评估时，本书将使用 WGI 公布的政府效率、监管质量、法治和腐败控制四个指标，原因在于政府效率是一国治理质量的决定性因素，监管质量和腐败控制是影响一国交易成本的重要指标，法治则强调了该国法律质量和合约的强制执行力。

　　第三，主流国际贸易理论分别从技术差异、要素禀赋差异、市场结构和需求角度探讨国际贸易发生的原因，并没有揭示出技术、要素禀赋以及市场结构差异形成的原因。事实上，影响上述因素的根本在于一国的制度安排，因此，忽视制度因素的国际贸易理论无法对许多的贸易现象给出令人信服的解释，制度因素成为国际贸易决定理论和利益分配理论的关键。

第三章 制度对国际贸易的影响分析

一 制度影响国际贸易的机制

(一) 国际贸易发生的基本前提

经济个体之间的交易是社会的一个基本特征。交易的发生有两个基本前提，交易既能带来总收益的增加，使交易双方都受益，交易双方又确信这种收益能确保实现。国际贸易是不同国家经济个体之间的交易，它的发生也必然具备两个条件，即潜在的贸易利益和可靠利益的实现保障。

1. 潜在的贸易利益

潜在的贸易利益是贸易发生的基础。国际贸易的发生机制同国内贸易是一致的，交易双方产生交易的动机必定是有利可图的。从比较优势理论的观点出发，交易双方根据自己的比较优势，基于"两利相权取其重，两弊相权取其轻"的原则，通过分工和交换，可以获得贸易的好处，这在传统国际贸易理论以及新贸易理论中都已经得到广泛证明。

比较优势的形成需要适宜的市场条件作为支撑，市场无处不在，但是经济发展所必需的市场却并非处处存在，它们的存在也是需要许多前提条件的，其中，有效的产权保护和合约实施制度是这类市场存在并良好运行的基础。[①] 这些适宜的制度安排会为比较优势的形成在技术进步与创新、生产要素积累等方面提供有效的制度环境。

[①] Christopher Clague, Philip Keefer, and Stephen Knack, "Contract-Intensive Money: Contract Enforcement, Property Rights, and Economic Performance," *Journal of Economic Growth*, Vol. 4, pp. 185-211, 1999.

2. 利益的实现保障

交易带来总收益的增加只是交易出现的必要条件，而非充分条件。交易出现的另一个必要条件是，当事人都有充分的信心预期对方能履行承诺。也就是说，交易双方签订合约的前提必定是他们对于合约的实施具有乐观的预期，认为合约利益能够得到保证。否则，即使交易能带来社会剩余，交易也不会发生。设想 A 与 B 事前签署一个合同，规定 A 为 B 生产某种物品，B 在收到该物品之后再向 A 支付价格 P。如果 A 预期 B 在收到物品后不会付钱，A 就不会签订这样的交易合同，更不会为 B 生产该物品，交易就不会发生。当然，如果协议规定 B 先付货款，A 在收到货款后再生产，则如果 B 不相信 A 会生产合格的产品，就不会签订这种合同，交易同样不会发生。因此，A、B 双方是否会达成交易取决于双方对合约是否能够得到有效实施的判断。因此，合约实施制度就很关键了。[①]

3. 贸易利益的分解

国际贸易发生的根本驱动是潜在的贸易利益，而贸易利益源自国际分工的利益和交换的利益。按照传统国际贸易理论，贸易是双赢的，参加贸易的国家或经济体都会从分工和交换中获得利益，这些利益可以通过贸易前后一国福利水平的变化来判断（如图 3—1 所示）。

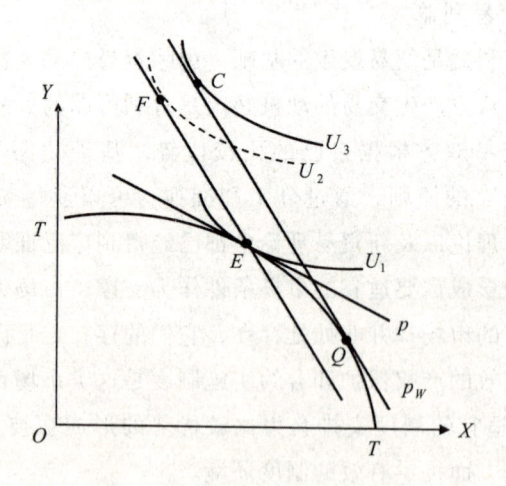

图 3—1　国际贸易利益的分解

---

① 张维迎：《法律制度的信誉基础》，《经济研究》2002 年第 1 期。

在图 3—1 中，假设曲线 TT 为某国生产可能性边界，U_1、U_2、U_3 等社会无差异曲线代表该国的消费偏好。在对外贸易发生前，该国均衡的生产点和消费点均在 E 点，商品 X 与商品 Y 的相对价格水平为 P，福利水平可以由通过均衡点 E 的一条社会无差异曲线所代表的效用水平 U_1 来表示。贸易发生后，假设该国面临着一个新的相对价格 Pw，则均衡生产点和消费点分别变为 Q 点和 C 点，社会无差异曲线与原来相比，处于更高的位置 U_3，表明国际贸易改善了该国的福利，即该国从国际贸易中获得了利益。因此，国际贸易是一种互利双赢的行为，参与贸易的各国都能从中获益，至于一国从国际贸易中所获利益的多寡则取决于该国的贸易条件。

很明显，我们可以将这种国际贸易利益进行分解，在图 3—1 中，过 E 点作 Pw 的平行线，与社会无差异曲线相切于 F 点。从 E 点到 F 点，意味着在生产均衡点不变的状态下，该国消费者接受国际市场价格后消费均衡点的变动，社会福利水平由 U_1 上升到 U_2，这些福利是交换带来的。从 F 点到 C 点，意味着生产点由 E 点到 Q 点后，该国消费者消费均衡点的变动，社会福利水平由 U_2 上升到 U_3，这些福利是由专业分工带来的。这两种利益之和共同构成了贸易利益。

任何交易都是有成本的，无论是分工生产阶段还是交换阶段。制度作为降低交易成本而制定的各种规则，不仅会影响国际贸易的发生规模，还会影响贸易利得的分配。一方面，无效的制度显然不会有效降低交易成本，而较高的交易成本则会阻碍贸易的进行，交换的利益则不会实现；另一方面，低效的制度会阻碍生产率的提高，分工生产成本较高，减小获利空间。许多欠发达国家即使拥有商品价格的比较优势，实现的对外贸易量仍然较低，无法充分获得世界分工的好处，这在很大程度上是由于制度因素质量低导致了较高的交易成本而阻碍了贸易的进行并压缩了获益空间。

本书强调产权和合约实施两项制度对国际贸易的影响，并探讨制度对国际贸易的影响机制。好的经济制度是一个包括多个相互关联事件的集合，它不仅包括对社会大多数人的产权实施有效保护以便所有个人都有投资、创新以及参与经济活动的动机，还包括社会中一定程度的机会平等，包括法律面前人人平等，以便那些拥有良好投资机会的人可以充分利用。从产权制度方面看，产权的安全性从根本上决定着一国的经济效率，从而决定着一国在国际分工中的比较优势、地位以及利益的分配；从合约实施的制度方面看，有效的合约实施制度能够保证预期利益的实现。此外，这两方面的制度并不是孤立发生作用的。一国的产权制度作为最基本的经济制度，决定着一国公共治理水平，影响着一国正式的及非正式的合约实施制度；有效的合约实施制度恰恰有助于产权制度有效性的发挥，使产权合法化。

（二）制度直接决定一国在国际贸易中的比较优势

对传统国际贸易理论进行补充或验证的研究证明，在两国完全没有技术和要素禀赋差异、偏好没有明显不同的情况下贸易仍可发生。同时，即使在资源禀赋互补、各自具有明显比较优势的国家之间，贸易有时也并不能够充分展开，而许多国家（如日本、韩国和以色列等）在资源具有明显相对劣势的情况下也创造出了较强的竞争优势。更进一步讲，劳动、资本、自然资源、技术与市场等资源变量的差异优势是如何形成的呢？俄林将此归因于自然历史过程，但相同或相近的自然历史过程为什么会形成不同的资源禀赋（如东德和西德、朝鲜和韩国等）？

事实上，社会生产的逐渐复杂化使交易成本越发得到重视，商品生产不再仅仅取决于传统经济理论所提出的基本要素，制度安排已经成为至关重要的一项因素。基本生产要素的配置、组合以及最终的生产效率必然在一定的制度框架下受到规范和约束。一些特殊产业在生产中较其他产业更多地依赖于制度安排，此类产业可以称之为制度密集型产业。制度作为一种特殊的生产要素，可以直接成为比较优势形成的基础，引发国家间商品相对价格差异，使贸易的发生成为可能。制度设置对贸易模式、贸易规模以及贸易利益的分配均会产生较大的影响，并且在贸易促进经济增长中起到关键的作用。

在制度经济学家看来，制度一词的外延是十分广泛的，但其主要内容在于产权结构、企业组织、市场体制、国家制度及意识形态模式等。张亚斌在研究中将制度视为影响国际贸易的一种资源，并将制度作为内生性变量构建了新的国际贸易模型，考察了制度影响国际贸易的内在机制，说明了国际贸易格局的特性及其演变，对国际贸易模型中的不同变量进行了梳理，提出了简化的国际贸易模型[①]：

---

① 张亚斌：《论制度影响国际贸易的内在机制》，《国际经贸探索》2001年第1期；《论国际贸易中的制度资源》，《甘肃社会科学》2000年第2期。

$$Q = f(L,K,N,T,M,S) \qquad (3—1)$$

其中，Q 表示国际贸易的规模，L、K、N、T、M、S 分别表示劳动、资本、自然资源、技术、市场和制度等资源变量，制度既通过影响劳动、资本、技术创新、市场结构等直接决定该国的比较优势，也通过为贸易提供第三方实施保障而间接影响国际贸易的发生，从多角度改变国际贸易主体的行为函数。

1. 制度是一国技术创新的关键

随着对国际贸易发生原因研究的不断深入，人们广泛意识到，制度对经济增长或者对对外贸易影响的一种渠道是通过促进技术创新来完成的。乔尔·莫吉尔系统地研究了技术创新与技术进步对经济增长的促进作用。[1] 对于经济落后的国家来讲，转变经济增长方式是他们经济发展和经济改革的关键，经济增长方式的转变在于技术创新，而技术创新的根本又在于制度创新。因此，制度非常重要。

诺斯也认为，制度对技术创新的影响，首先表现为产权制度对技术创新的激励。技术创新与创新者的产权收益正相关系数愈大，制度对技术创新正向刺激愈强烈，技术创新就愈活跃。其次表现为政治法律制度对技术创新的保护。当技术创新者享受不到应有的社会政治地位，其知识产权得不到保护时，技术创新就会处于低潮。最后表现为企业制度对技术创新的传导。僵化的企业制度既不利于开发技术，又不利于传导技术创新。

因此，"尽管在短期内技术进步对经济增长的影响有可能要大于制度所产生的影响，但是从长期来看决定经济发展的基本变量或者因素必定是制度"[2]。

2. 制度有利于积累人力资本和解决资本匮乏难题

在对发展中国家或欠发达国家的研究中，许多学者认为，资本的缺乏是这些国家经济发展落后的主要制约因素，而制度学派的研究证明，缺乏资本的原因在于有效制度安排的缺乏。也就是说，资本主义在很多发展中国家没有获得成功的原因不是因为没有启动资本，而是在于没有能够形成长期促进和保障资本积累的法律制度环境，"从某种意义上讲，制度的起

---

[1] [美] 莫吉尔：《富裕的杠杆：技术革新与经济进步》，陈小白译，华夏出版社 2008 年版。

[2] 华民、韦森、张宇燕、文贯中等：《制度变迁与长期经济发展》，复旦大学出版社 2006 年版，"前言"。

源、制度变迁和创新、国家供给制度等都与经济发展有关。有效率的制度会促进经济增长与发展，反之，无效率的制度会抑制甚至阻碍经济增长与发展"[①]。

资本从本质上可以划分为两类：一类是人力资本，如依附于经营者和生产者身上的知识和劳动技能等，在国际贸易中，人力资本集中表现为优秀商人、企业家和高技能的劳动者；另一类是非人力资本，如土地、厂房、设备和原材料等。非人力资本所有者指的是那些拥有货币、有价证券等金融资产的人，或者那些拥有土地、设备、建筑物等更有市场价值的实物资产的人，也可以是那些拥有具有市场价值的产品品牌、专利技术等无形资产的人。

值得注意的是，一国经济发展的前提是金融体系的稳定，稳定的金融体系可以创造更多的信任和声誉，从而阻止外币流失（美元化）或直接的资本外逃。因此，培育商业环境、减少过度管制、减少政府官僚、建立税收体系、树立积累资本和赚取利润的进取精神，减少投资障碍，规范治理等都有利于形成良好的投资环境。大部分发展中国家并不缺乏人力资源，它们有着居高不下的失业率，它们缺的是实物资本和人力资本。资本缺乏意味着没有足够或没有足够好的包含现代技术的机器、基础设施等，因此，对于贫困国家来说，一项好的制度应该是可以提供更多资源的制度。

一国生产要素的禀赋状况并不是与生俱来的，各种要素禀赋都是可以改变的，而且各国的要素质量以及要素生产率也存在着较大的差异。人力资本、物质资本以及企业家才能等主要生产要素都是可以通过适宜的制度激励培养并进行积累的。人力资本存量是人力资本投资的函数，而决定人力资本的关键性变量是相关的制度安排是否有利于造就优秀的商人与企业家阶层。因此，一国适宜的制度安排有利于资本积累。

任何生产要素自身经济价值的实现都具有趋利性，国家间生产要素实际回报率的不同可以诱致生产要素的跨国流动，这与商品跨国流动是一致的。因此，人力资本和物质资本还可以通过引进来积累，图3—2给出了劳动力跨国流动示意图，解释了一国适宜的制度安排可以通过引进的渠道积累人力资本。

[①] 卢现祥：《西方新制度经济学》，中国发展出版社2003年版，第206页。

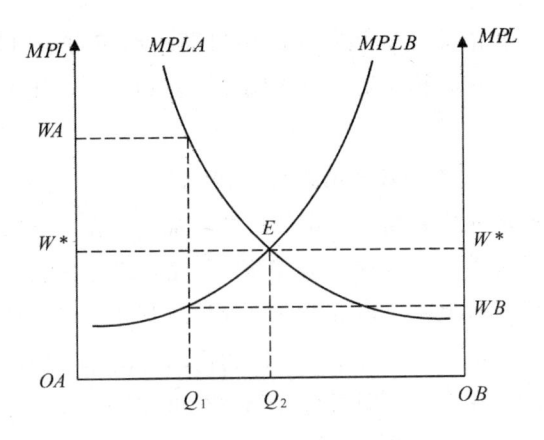

图 3—2　国际劳动力流动示意图

考虑两个国家 A 和 B，劳动力禀赋共 $OAOB$。$MPLA$ 和 $MPLB$ 分别代表 A 国和 B 国的实际劳动生产率（或实际工资），根据边际报酬递减规律，$MPLA$ 和 $MPLB$ 均呈向下方倾斜趋势。假定两国各自在封闭条件下，劳动力数量分别为 OAQ_1 和 OBQ_1，在完全竞争条件下，两国劳动的实际生产率分别为 WA 和 WB，两者之间的差距是劳动力跨国流动的原动力。在开放经济条件下，只要交易成本（即劳动力跨国流动成本）小于 WA 和 WB 的差，两国就有可能出现劳动力的流入和流出，直至两国实际劳动生产率之差恰好等于交易成本。制度优越的国家往往具有较高的生产率，从而吸引劳动力流入，如 A 国，由于本国劳动力市场生产率较高，就会吸引国外劳动力流入，促进本国人力资本的积累。物质资本的跨国流动原理与此类似。

此外，在其他条件相同的情况下，金融体制较完善的国家在外部资金密集型行业具有较高的出口份额和贸易收支，这对金融以及贸易体制改革都具有重要的启示意义。金融发展水平较低的国家推行金融部门的改革，会拓宽私人企业获得外部资金的渠道，提高获得外部资金的水平。这些改革往往包括通过司法改革来加强债权人权益和合约的实施等方法。私人企业外部资金的增加意味着该国比较优势会发生变化：从对外部资金依赖性较弱的行业转至对外部资金依赖性较强的行业。对外部资金没有需求行业的出口商出口份额下降，还要面临来自其他金融业欠发达国家更激烈的竞争,而对外部资金依赖性较强行业的出口商的出口份额将增加。① 因此,适宜的制度环境有利于解决资本匮乏问题并对相关行业比较优势的形成起着关键作用。

3. 制度有利于形成高效率的市场结构

规模经济的形成也有赖于一定的制度环境。首先,一国对外经济政策影响本国的厂商规模。伯兰特·斯宾塞②和克鲁格曼③分别从不同的角度证明,一国可以通过关税、配额等进口保护政策和出口补贴、研究与开发补贴等出口促进政策,来扩大本国厂商的国内与国际市场份额,从而扩大本国厂商的规模。其次,一国对待"马歇尔冲突"④的政策会影响其企业规模,其中典型的就是反垄断的法律制度以及对中小企业的政策。最后,企业制度会影响企业家从而影响企业规模。科斯发现,企业的规模是企业家能力的供给函数。

不同的制度可以形成不同的市场结构,影响生产效率和对外贸易。G. M. 格罗斯曼和 E. 赫尔普曼⑤通过数据对比分析,发现美国与俄罗斯都是资源大国,人口规模、国土面积、自然资源、科学技术等项指标,都是比较接近的,但是俄罗斯的对外贸易总额只有美国的 1/10。中国学者张亚斌从历史的角度考察了合并之前的东德和西德,现在的韩国与朝鲜,孟加拉与以色列,印度与日本的贸易情况,发现国际贸易主要不是按资源禀赋与比较利益展开的,决定性的变量是制度,恰恰是制度的差异使得效率

---

① Thorsten Beck, "Financial Dependence and International Trade," The World Bank Working Paper No. 2609, 2005.

② Brander, J, and Spencer, B., "International R&D Rivalry and Industrial Strategy," *Review of Economic Studies* (1983), Vol. 50, pp. 707-722.

③ Paul R. Krugman, *Rethinking International Trade* (MIT Press, 1984).

④ 经济学家马歇尔经济理论中关于规模经济和垄断弊病之间矛盾的观点。马歇尔认为,自由竞争会导致生产规模的扩大,形成规模经济,提高产品的市场占有率,又不可避免地会造成市场垄断,而垄断发展到一定程度又必然会阻止竞争,扼杀企业活力,造成资源的不合理配置。因此社会面临着一种难题:如何求得市场竞争和规模经济之间有效、合理的均衡,获得最大的生产效率。"马歇尔冲突"适用于收益递增(成本递减)的行业,如电信业、银行业。经济学家对于如何克服"马歇尔冲突"进行了不懈的探索。1940 年,英国经济学家克拉克提出了有效竞争的概念。在他看来,所谓有效竞争就是一种将规模经济和市场竞争活力有效协调,从而形成一种有利于长期均衡的竞争格局。

⑤ [美] 格罗斯曼、赫尔普曼:《全球经济中的创新与增长》,何帆、牛勇平等译,中国人民大学出版社 2002 年版,第 4 页。

不同的市场机制导致了不同的经济运行效果。①

(三) 制度影响一国对外贸易规模

任何贸易都存在着交易成本。国际贸易双方往往路途遥远，政治、文化、宗教等差异较大，产生的交易成本一般比任何一种国内贸易都更加复杂，有时大到足以抵消潜在的比较优势而致使国际贸易不会发生的程度。一方面，贸易常常需要对长期商业关系的建立和维系进行投资，会产生信息搜寻成本和企业谈判成本。另一方面，国际市场中的贸易伙伴往往拥有更多的选择。制度为私人部门之间以及政府与私人之间的交易提供了一套规则框架，但制度的运行同样可以产生交易成本。尤其在国际贸易中，一国同时面临着内部制度和外部制度两方面的制约和规范，这两项制度需要在运行中进行磨合。当产权安排、企业制度、商业习惯等制度因素难以兼容时，就会导致高额的交易成本、更激烈的竞争和更高的不确定性，制度对跨境贸易的影响就越发突出。因此，国际竞争在很大程度上依赖那些多数不可观测、衡量的贸易成本，而不是要素禀赋差异和技术差异，尤其是那些无效制度所导致的交易成本。制度运行成本的高昂可能会严重抑制甚至完全中断相互之间的对外贸易。

不难理解，良好的制度可以降低交易风险和交易成本，因此会对经济活动尤其是国际贸易产生正向的促进作用，相反，无效制度则会严重阻碍贸易。国际化制度安排如 WTO 等国际贸易组织的存在，其主要功能正在于协调各国制度以降低国际贸易中的制度运行成本。Marin & Schnitzer 研究了技术贸易合同风险的规避制度，易货贸易有助于克服高负债国家偿还债务的激励难题，用出口货物付款消除了金融中介的不安全性并由此创造了信用抵押。此外，将进口和出口捆绑（即对等贸易）有助于解决发展中国家进行技术转移相关的激励难题，出口成为防止技术型商品进口欺诈的有效手段。②

(四) 制度影响一国对外贸易促进经济增长作用的发挥

Segura-Cayuela 建立了一个简单模型，引入了制度的有效性来阐释低

---

① 张亚斌：《论制度影响国际贸易的内在机制》，《国际经贸探索》2001 年第 1 期。
② Marin, D., Schnitzer, M., "Economic Incentives and International Trade," *European Economic Review*, Vol. 42 (1998), pp. 705-716.

效率制度如何影响经济增长，尤其是探讨了低效率制度如何影响一国国际贸易在经济增长中的作用。①

模型假定，社会中存在着一个偏好现有低效政策的精英集团。精英集团和非精英集团生产者生产的产品属于不同的部门，并假定这些部门的产品具有互补性。政治制度把所有的政治权力都赋予了精英集团，使得它们可以制定并选择有利于自身的政策而不必考虑这些政策对社会其他成员的影响。这就意味着一种独裁专政的政治体制。精英们选择的关键政策是扭曲的税收，他们可以通过征税直接从其他集团那里掠夺收入（称为收入掠夺），也可以通过对其他集团生产者征税以降低他们对生产要素的需求从而提高精英自身生产利润而间接地获取利益（称为要素价格控制）。经济体征税水平及其效果取决于这两种手段的力量大小。

精英集团从中产阶级那里掠夺收入或者对要素价格控制的行为都会受到限制，对中产阶级征税会影响精英集团自身的利益大小。因为较高的税收预示着精英集团的消费具有更高的成本，从而降低了他们收入的实际价值。这对造成低效政策的两种原因都是适用的。对非精英集团的征税不仅直接减少了非精英集团的投资，也由于非精英生产者产品价格的升高而导致精英集团利润的下降。换句话说，只要精英集团消费非精英生产者的产品，他们就不会肆无忌惮地对中产阶级征收高税收，因为这些税收会使他们的消费变得成本更高。这种分析的关键假设在于，精英生产者不仅关注税收收入，也关注生产利润。这就诱使他们对两个部门征收不同的税收。然而，对不同部门征收不同的税收会导致经济中相对价格和资源配置的扭曲。同时，还会通过一般均衡效应减少精英的利润：因为对中产阶级征税会降低精英生产者产品的相对价格，从而降低利润。这就限制了精英集团，使其不能随心所欲地对其他集团征税。

经济体实行对外贸易将会引入竞争，从而提高精英和非精英生产者产品之间的替代性。换句话说，贸易会降低对其他集团征税给精英利润所带来的负面的一般均衡效应；现在，精英集团可以从世界市场上发现合意商品，这使精英集团充分利用政策控制优势，对其他集团大肆征税从而导致更严重的政策低效性。对外开放贸易的福利影响则取决于横征暴敛加剧所

---

① Segura-Cayuela, Ruben, "Inefficient Policies, Inefficient Institutions and Trade," Banco de Espana Research Paper No. WP-0633. Available at SSRN: http://ssrn.com/abstract=949436, 2006.

带来的福利损失是否超过了来自贸易的标准利益。该模型最重要的结论就在于，在产权得不到有效保护的国家，国际贸易不一定会提高整个经济体的福利水平。而在民主制国家，政治权力被赋予社会大多数人。当该国对外开放贸易时，一般会设置与封闭条件下同样的税率，对外开放不会产生导致政策低效的负面效果。因此，在一个民主制国家，贸易总会增加福利。该文的主要贡献在于，它通过使非精英集团和精英集团的生产部门更具有替代性来强调贸易在一个拥有较弱政治制度的国家对征税和收入的负面影响。

因此，Segura-Cayuela 认为，南北国家在制度设置上具有较大的差异性是导致两类国家同样发展对外贸易但却在经济发展上拉开差距的重要原因。南部国家的制度缺乏效率，经济运行中存在着腐败、横征暴敛以及产权得不到有效保护等特征。欠发达国家没有能够从国际贸易中获益的部分原因在于，在非民主化政治体制国家，贸易自由化会导致较差的政策和经济制度。推理很简单：在一个封闭经济中，拥有权力的集团不能随心所欲地实施腐败或横征暴敛，因为这些政策所导致的一般均衡价格效应会对他们自身的收益产生影响。但国际贸易的发生去除了这些价格影响，并可能会使掠夺政策加剧，甚至使掠夺带来的利益超过他们的贸易利得。在这种情况下，贸易并不能增加社会福利，这就意味着欠发达国家往往由于制度的低效率而不能像高效率国家那样充分利用国际贸易获得利益。

研究结果表明，贫困国家不能从国际贸易中获益的部分原因在于制度运行不良的国家日益增长的贸易可能会导致更低劣的政策和经济制度：在封闭经济中，拥有政治权力的集团由于一般均衡价格效应而在租金榨取政策的制定上受到了限制。增长的国际贸易去除了这些价格效应，加剧了租金榨取的力度，提高了政策的无效性。无效性不断累积，超过了贸易利得，贸易就会使得整个经济体的福利下降。此外，在许多经济中，管制严厉的低劣制度阻止了劳动在部门或企业间的流动。在这些国家中，贸易不大能够促进经济的增长。如果经济结构非常死板，贸易对产业间及产业内的资源配置仅会产生较少的影响。制度设置不当有时还可能会刺激错误商品（即在贸易中不具有比较优势的产品）的生产，引起资源配置低效率。[①]

[①] B. Axel, B. Matthias, and N. Silke, "Institutional Quality and the Gains from Trade," *KYKLOS*, Vol. 59, No. 3（2006）, pp. 345-368.

(五) 合约实施制度对国际贸易的影响机制

人们进行经济决策时所面临的环境是复杂多变的，而且充满了不确定性，这种不确定性会给人们的行为决策带来困难，从而增加经济活动过程中的生产费用和交易成本。制度设计的主要目的之一就是减少这些不确定性。正如诺斯所指出的："制度在一个社会中的主要作用是通过建立一个人们相互作用的稳定的（但不一定有效的）结构来减少不确定性。""制度的存在是为了降低人们相互作用时的不确定性。这些不确定性之所以产生，是所要解决的问题的复杂性以及个人所有的解决问题的软件不足的结果。"[①]

随着世界商品、金融市场一体化的日益深化，正式的关税以及非关税壁垒被大幅削减甚至被完全取消，但国家界限仍然对国际贸易产生着较大的阻碍作用[②]，其主要原因在于国家间正式制度以及非正式制度存在着差异。这些差异导致了不同的合约实施方面的差异。正如张维迎所认为的，交易最终是否达成，除了取决于交易能否带来收益外，还取决于交易者对对方信誉的评价，也就是说，一国的合约实施制度（主要体现在法律制度和信誉机制等方面）是国际贸易能否发生的关键因素。

正式合约实施制度以法律制度为代表，非正式合约实施制度以信誉机制为代表。在大多数国际贸易中，基于信誉机制的非正式合约的实施起着关键的作用，正式合约实施对非正式合约的实施起着补充的作用。

按照交易是否同时进行，我们可以将市场分为同时交易市场和非同时交易市场。同时交易市场往往伴随着契约的实施或者主要交易行为的实施，而非同时交易市场则往往会出现合约实施上的风险。国际贸易多为非同时交易类型，由于商品的供求双方相距较远、成交数额较大、交货时间较长等特点，买卖双方的权利和义务往往不能同时获得或履行，一方肯定要承担商品价值转移的风险。在此情况下，只有双方都预期契约可以得到有效实施，交易才可能进行，交易收益才能实现。在这种交易市场中，交易双方之间的良好信誉或较高的相互信任程度以及严格的第三方实施可以

---

① [美] 诺斯：《制度、制度变迁与经济绩效》，上海人民出版社1994年版，第34页。
② J. F. Helliwell and J. McCallum, "National Border Still Matter for Trade," *Policy Options/Options Politiques*, Vol. 16 (1995), pp. 44-48; J. McCallum, "National Border Matters: Canada-U. S. Regional Trade Patterns," *American Economic Review*, Vol. 85 (1995), pp. 615-623.

降低交易潜在者对合约实施不确定性的预期,增强对合约实施的信心,促进交易的进行。

Kreps（1990）[①] 构造了简单的两阶段博弈模型,以说明信誉机制是如何影响交易进行的。模型假定有两个当事人,一个是委托人,另一个是代理人,两者之间尚未建立稳定的信誉机制,也没有可靠的第三方实施保障。在博弈的第一阶段,委托人可以选择信任代理人,也可以选择不信任代理人。如果委托人不信任代理人,交易就不会发生,博弈结束,双方均没有收入。如果委托人选择信任代理人,则博弈进入第二个阶段,收益结果取决于代理人是选择诚实还是选择欺骗。如果他选择诚实,双方各得5单位的收入;如果代理人选择欺骗,代理人得到10个单位的收入,委托人损失5个单位的收入（模型收益矩阵如图3—3所示）。

		代理人	
		诚实	欺骗
委托人	不信任	0, 0	0, 0
	信任	5, 5	-5, 10

图3—3 模型收益矩阵

图3—3中每一组数字的第一个表示委托人的收入,第二个表示代理人的收入。可以看到,该博弈的纳什均衡是:委托人选择"不信任",代理人选择"欺骗",在这种情况下,交易显然不会发生。在理论上,解决问题的一个方法是双方事前签订一份合同,规定如果代理人欺骗委托人,则由第三方监督赔偿委托人的收入。如果委托人预期该合同能被有效执行,交易利益能够实现,他将选择"信任"代理人,同时代理人会因实施"欺骗"对委托人进行赔偿而失去部分收入。这些收入大于欺骗所得时,他会选择"诚实",这样交易就会进行。因此,信誉机制以及第三方实施保障对交易的进行具有重要作用。

然而在现实中,由于签署此类合同往往不可行或者合同很难完备地规定各项权利义务并明确界定各类欺骗行为,因此这类方法并不可行。对

[①] David Kreps, *Corporate Cultrue and Economic Theory*: *In Perspectives on Positive Political Economy* (Cambridge: Cambridge University Press, 1990), pp. 90-143.

此，张维迎提出，长期合作和重复博弈可以促进信誉机制的形成，并使得委托人和代理人之间形成相互信任的关系，达成交易。当事人为了合作的长远利益，愿意抵挡欺骗所带来的一次性短期好处的诱惑，合作关系就可以建立。因此，信誉机制的发生必须具备四个前提条件：其一，博弈必须是重复的，交易关系必须有足够高的概率持续下去。交易者对未来的多次交易有更多的收入预期。其二，当事人必须有足够的耐心，放长线钓大鱼，不只重视眼前利益，看重的是长远利益。其三，当事人的不诚实行为能被及时观察到，其中，信息流动越慢，信誉机制的建立就越困难，高效的信息传递系统对信誉机制的建立具有至关重要的意义，一个信息流动缓慢的社会一定是一个信誉缺乏的社会。其四，当事人必须有足够的积极性和可能性对交易对手的欺骗行为进行惩罚。为了使信誉机制发生作用，该受惩罚而没有受到惩罚的人必须受到惩罚。[1]

张维迎认为，交易方在判断对方是否会履约时的依据主要有两个：一是对方的个人品德，依据个人品德对合约进行履行被称为第一方履行，但是在商业社会中，交易一方对另一方的了解是非常有限的，许多交易活动都是在不认识的人之间进行的。因此，如果交易只发生在相互非常了解的当事人之间，交易的范围将是非常有限的。二是本来不认识的人之间通过制度建立起相互的信任关系，这种信任关系是交易范围扩大和经济发展的关键，它的建立主要通过制度来进行。制度是博弈的规则，如果制度安排使得当事人履行契约比不履行契约更有利可图，使得人们有积极性为了交易带来的长远利益而抵挡短期的机会主义行为的诱惑，人们之间的信任就可以建立起来，因此，张维迎将信任也看作一种制度。张维迎否认新古典经济学将法律制度看作是维护和推进交易的唯一必要条件的观点，他十分强调信誉在交易中的重要作用，通过研究法律制度和信誉这两个维持市场有序运行的基本机制，他认为，信誉机制也是一种维持交易秩序的机制。特别是在许多情况下，法律是无能为力的，只有信誉才能起作用。他强调，一个没有信誉机制的社会是不可能有真正的市场经济的，法律制度的运行本身离不开信誉基础，在一个人们（包括法官）普遍不讲信誉的社会里，法律所能起的作用是非常有限的。信誉的基础是产权。产权制度的基本功能是给人们提供一个追求长期利益的稳定预期和重复博弈的规则。

---

[1] 张维迎：《法律制度的信誉基础》，《经济研究》2002年第1期。

因此，法律最重要的任务是对个人的产权给与有效的保护，从而使得人们有积极性建立信誉。如果产权得不到有效保护，所有人都进行一次性博弈，信誉机制就建立不起来。信誉机制建立不起来，不仅加大了法律的负荷，提高了交易成本，而且法律本身也不可能得到有效执行。[①]

除了信誉机制外，第三方实施保障也很重要。如果买卖交易同时发生并可以自我实施，那么市场的风险性较小。但在国际贸易中的买卖行为常常不是同时进行的，契约的实施跨期较长，而且买卖双方往往相距遥远，一方肯定要承担商品价值转移的风险或者另一方会承担收不到货款的风险，在这种情况下，第三方实施就非常重要了。政府往往是提供第三方实施的权威机构，虽然信守承诺声誉的建立以及由私人部门进行的裁决和纠纷的解决也能在一定程度上缓解第三方实施的不足，但是与政府提供的第三方实施效果相比差异十分明显。比如，如果交易当事人只是偶尔进行交易，那么信誉则只起非常有限的作用。当交易额格外大或者绩效只有经过很长时间才能检验出来时，不管是声誉还是社会可接受的抵押方式都是无效的；当违约的原因不能够广为人知或者当收到信息的企业不能对违约行为进行有效惩罚等现象存在时，声誉或者私人部门在第三方实施的作用发挥上就不是很有效了。而政府在实施契约和保护产权方面具有明显的优越性，它在通告违约信息、利用国家暴力的有效声誉对违约行为进行惩罚或者强制契约得到实施方面具有明显的优势。

（六）制度趋同促进国际贸易的机制

林德尔早在1961年就发现，多数国际贸易尤其是制造业部门的贸易，主要发生在相似国家之间，而不是发生在要素禀赋不同的国家之间，这个发现对占有统治地位的H-O理论提出了挑战。他从需求角度做出了解释，认为多数贸易发生在相对富裕国家之间是由于它们拥有相似的对高级工业制成品的需求。在接下来的几十年里，国际贸易理论利用规模经济和不完全竞争来解释这类贸易，即常称的产业内贸易，富裕国家相互之间交换多种同类商品。只是在最近几年里，有些人才开始意识到也许富国之间的相似之处并不在于对产品的需求而在于制度相似性，尤其包括法律和合约环境。这些制度通过它们对交易和生产成本的影响，对制度结构不同的国家

[①] 张维迎：《法律制度的信誉基础》，《经济研究》2002年第1期。

的比较优势产生重要的作用。

在国际贸易中，一国内部制度和外部制度需要相互磨合，内外部制度的一致性会导致相同的非正式商业程序为双方所熟知，降低了交易成本。发达国家之间贸易量占世界总贸易量的 2/3 以上就很好地说明了这一点，制度运行成本较高会严重阻碍国际贸易的进行，如中美贸易摩擦在很大程度上源自中美两国在制度方面的显著差异。近二十年来，世界各国区域经济一体化合作的广泛进行，就是要将贸易伙伴国之间的制度尤其是影响经济贸易合作的制度进一步相互融合，以便协调各国制度，降低交易成本，促进国际贸易合同的履行。

制度包括正式规则和非正式习俗，这些都可以减少交易中的不确定性，降低交易成本。进出口国较高质量的制度可以促进贸易的发生，而且两国制度上的差异程度对贸易量的影响也是显著的。如果两国国家治理的有效性差别很大，它们的交易商对彼此交易的安全性了解不充分，显然不利于交易的达成；如果两国制度相似，相互熟知，就会减少交易成本，提高贸易量。

囚徒困境是博弈论中的经典模型之一，它有效地证明了个人理性和集体理性之间所存在的矛盾，基于个人理性的正确选择对集体来说却是非理性的，这意味着基于个人利益最大化条件的帕累托最优并没有实现。假设一个对产量做了限制的卡特尔组织，其成员在产量上都有两种策略可以选择：遵守规定和不遵守规定。每个成员都认为其他成员会遵守协定上规定的产量，自己增加一点点对产品价格不会有什么影响，但自己会从产量增加中获益，这对于自己来讲是理性的。在这种情况下，每个成员都增加产量，会使世界市场价格下降，组织成员的利益就会遭受损失，个人理性导致了集体不理性。因此，在国际政治经济关系中，许多国际交往都可以抽象为囚徒困境模型，合作、信任和相互认同会达成个人理性和集体理性的统一。

在关税政策方面，两国均实行低关税政策的收益大于两国均实行高关税政策的收益，若一国实行高关税政策而另一国实行低关税政策，则高关税国家获益最高，最终均衡是双方都实行高关税的非帕累托均衡。在此，高关税政策可以抽象为囚徒困境中的背叛行为，而低关税政策可以抽象为合作行为。在这种情况下，如果双方做好充分的沟通，达成足够的信任，在无限次重复博弈中，个体从谋求全程利益的最大化考虑会尝试合作。许多国际组织为成员国提供一套彼此可以相互合作的平台，通过一定的制度安排来实现关税的相互减让,并建立限制单方退回高关税壁垒的机制(即多边争端解决机制),通过要求成员国让渡部分主权,使成员国被置于多边监督之下,达到有效限制单边行为的目的,促进了各国制度的趋同,增强了相互之间的认同感和信任感。如世界贸易组织(WTO)作为贸易政策的行为守则,包含一整套规范其成员贸易政策的具体法律义务。盛斌从博弈论角度,认为 WTO 体制就是世界各国在贸易政策方面相互协调所形成的博弈均衡。WTO 使成员与成员之间的贸易往来变得更有预见性和确定性,并且减少了协调人类活动的成本,抑制了国际交往中可能出现的任意行为和机会主义行为。[①]

二 制度对双边贸易的影响:贸易重力模型的应用

由于经济全球化的迅速发展,世界上没有哪个国家能够在经济上独立发展并完全闭关锁国。一国农业、工业、服务业、收入水平、就业以及生活水平等,都与其贸易伙伴息息相关,世界各国纷纷卷入了全球贸易与跨国投资领域,贸易和投资给世界经济带来的福利也是有目共睹的。但是世界各国参与经济全球化的程度却存在着很大差别,不少学者经过分析认为,国际贸易实际发生规模要远远小于标准贸易理论的估测值。这说明影响现实世界中国际贸易的因素有很多,许多贸易潜力还没有完全开发出来。标准国际贸易理论仅能解释贸易发生的原因,但对实际贸易规模却很难做出令人信服的解释。许多研究证明,贸易与经济增长是相互促进的。因此,探讨影响对外贸易的因素并分析研究这些因素影响力的大小,弄清各国的贸易潜力,以便获得国际分工和交换的好处,是非常必要的。这就需要我们能够根据现有条件对潜在国际贸易流量做出估测,并将其与国际贸易发生量相比较。这样一方面可以考察各种要素对贸易影响力的大小,另一方面可以有目的地改变各种影响因素以扩大贸易量。这一点的重要性毋庸置疑,"对贸易流动的监测和计量研究始终是贸易理论和政策研究的重要领域"[②]。

[①] 盛斌:《WTO 体制、规则与谈判:一个博弈论的经济分析》,《世界经济》2001 年第 12 期。
[②] 谷克鉴:《中国的经济转型与贸易流动——基于制度和技术因素的理论考察和计量研究》,中国人民大学出版社 2006 年版,第 13 页。

从实证角度研究各种要素对双边贸易流量和流向影响的工具主要是贸易重力模型。20世纪60年代以来，重力模型已被广泛应用于对国际贸易模式和一体化的实证分析研究中。尤其是20世纪90年代以后，贸易重力模型被广泛应用于对转轨经济国家和发展中国家融入世界经济过程中的影响因素分析，为这些国家制定外贸政策，积极开展对外经济合作交流提供了依据。

双边贸易流动的重力模型往往将两国贸易量大小视为两物体之间的相互重力，各自的国内生产总值表示物体重量。两国之间的距离影响着双边经济关系的紧密程度，因为距离与贸易中发生的商品运输费用即商品的运输成本密切相关。应用重力模型检验各国对外贸易模式的优势在于，模型需要的数据容易得到并具有较强的可信性，而且"贸易流动尤其是世界贸易流动实际上最具计量研究条件，国际贸易流动均处在主权国家或单独关税区的海关监管之下，具有很强的数据可获得性"[①]。利用重力模型的另一个优势在于，应用这些模型的理论基础已经被广泛讨论且较完善。[②] 正是由于重力模型所需要的数据具有可获得性强、可信度高等特点，贸易重力模型的应用越来越广泛，成为国际贸易流量的主要实证研究工具，有人形象地将重力模型称为"双边贸易流量实证研究的役马（Workhorse）"。

传统重力模型主要考察了贸易双方经济规模和地理距离对双边贸易流量的影响，在后续的模型拓展和应用中，研究者通过添加新的解释变量来研究其他因素对贸易产生影响的方向和大小。在研究进出口国的制度水平指标对贸易流量的影响时，常用的添加解释变量的方法有两个：一是对优惠贸易安排的研究，通过添加虚拟变量进行研究；二是利用量化的制度水平指标，直接衡量它们对双边贸易影响的方向和大小。

---

① 谷克鉴：《中国的经济转型与贸易流动——基于制度和技术因素的理论考察和计量研究》，中国人民大学出版社2006年版，第14页。

② Jeffrey H. Bergstrand, "The Gravity Equation in International Trade: Some Microeconomic Foundations And Empirical Evidence," *The Review of Economics and Statistics*, Vol. 67, No. 3 (1985), pp. 474-481; J. H. Bergstrand, "The Generalized Gravity Equation, Monopolistic Competition, and the Factor-Proportions Theory in International Trade," *The Review of Economics and Statistics*, Vol. 71 (1989), pp. 143-153; Alan, Deardorff, "Determinants of Bilateral Trade: Does Gravity Work in a Neoclassical World?" In Jeffrey A. Frankel, ed., *The Regionalization of the World Economy* (Chicago: University of Chicago for the NBER, 1998); Simon J. Evenett and William K. Hutchinson, "The Gravity Equation in International Economics: Theory and Evidence," *Scottish Journal of Political Economy*, Vol. 49, No. 5 (2002), pp. 489-490.

（一）贸易重力模型的基本形式与拓展应用

1. 贸易重力模型的基本形式

重力模型的思想和概念源自物理学中牛顿提出的万有重力定律：两物体之间的相互重力与两个物体的质量大小成正比，与两物体之间的距离成反比。早在 20 世纪 50 年代初，Isard & Peck 和 Beckerman 从直觉的角度提出了地理位置越近的国家之间贸易流动规模越大的规律。人们普遍认为，最早将重力模型用于研究国际贸易问题的是 Tinbergen 和 Pöyhönen，他们分别独立使用重力模型研究、分析了双边贸易流量，并得出了相同的结果[①]：两国双边贸易规模与它们的经济总量成正比，与两国之间的距离成反比。出口国的经济总量反映了潜在的供给能力，进口国的经济总量反映了潜在的需求能力，双边距离代表了贸易中的运输成本，从而成为阻碍两国贸易的因素。

$$X_{ij} = Y_i^{b_1} Y_j^{b_2} D_{ij}^{-b_3} \quad (3\text{—}2)$$

其中，X_{ij} 表示两国的贸易流动规模，Y_i 和 Y_j 分别代表 i 国和 j 国的经济总量，D_{ij} 代表两国之间的地理距离，b_1、b_2、b_3 是正的常数。进出口两国的经济规模与两国间贸易规模成正比，与两国间距离远近成反比。

2. 贸易重力模型的拓展形式及应用

谷克鉴[②]对贸易重力模型的拓展形式进行了总结，认为 Linnemannn 和 Berstrand 对此做出了突出贡献。前者在重力模型里加入了人口变量，认为两国之间的贸易规模还与人口有关，人口多少与贸易规模成正相关关系。后者则更进一步，用人均收入替代了人口数量指标。

贸易重力模型的拓展形式是：

$$X_{ij} = b_0 Y_i^{b_1} Y_j^{b_2} N_i^{b_3} N_j^{b_4} D_{ij}^{-b_5} \quad (3\text{—}3)$$

其中，X_{ij} 表示两国的贸易流动规模，Y_i 和 Y_j 分别代表 i 国和 j 国的经济总量（GDP），N_i 和 N_j 分别代表 i 国和 j 国的人口，D_{ij} 代表两国之间的地理距离，b_0、b_1、b_2、b_3、b_4、b_5 是正的常数。进出口两国的经济规模和人口总量分别反映该市场中潜在的供给能力和需求能力，两种能力正向影响着两国潜在

[①] 参见谷克鉴《中国的经济转型与贸易流动——基于制度和技术因素的理论考察和计量研究》，中国人民大学出版社 2006 年版，第 17 页。

[②] 同上。

的贸易规模,而距离的远近通过影响运输成本成为两国贸易的阻碍因素。

谷克鉴还总结了双边重力模型应用的发展路径,"第一种方法是,运用物理学中的重力定理得出一个结论:自甲国向乙国的贸易流量等于两国潜在的贸易量除以阻抗或距离因素",地理上越接近的国家贸易流量越大。"第二种方法上则是基于瓦尔拉斯均衡模型的方法,每一个国家对所有的商品都拥有自己的供给和需求函数,国民收入总量分别被用来表达进口国需求和出口国供给;距离则被用来表示运输成本。"第三种方法则是借助于一个概率模型,开发重力模型在双边贸易流量中的计量研究途径。需求方被假定按照随机方式与供给方展开贸易。"第四种方法被称为微观基础方式,认为"正统的重力模型关于产品的完全可替代性的假设是不现实的。该项研究的技术路径就是使用线性支出系统同质偏好系数的假设,构造一个改进的重力模型对双边贸易流量进行计量研究"。

20世纪60年代,重力模型被引入衡量双边贸易流量的研究后得到不断扩展和完善。影响双边贸易流量的因素被不断分解,人们开始更为细致地研究、探讨多种因素对双边贸易的影响效果,通过不断将新的解释变量引入传统贸易重力模型,对模型进行了不断的扩展,并对不同年份不同国家以及不同层面的贸易量进行了分析。在扩展后的贸易重力模型中,常常添加的变量有两类:一类是虚拟变量。如共同语言、共同边界、共同殖民历史、共同宗教等,早期对贸易重力模型的扩展以这一类为主。另一类是制度水平指标变量。如是否同属一个优惠贸易协定或者区域经济一体化组织、公共治理状况、合约实施保障等。

例如,Linnemann在瓦尔拉斯一般均衡基础上添加了一些变量,对模型进行了理论上的扩展。[①] 他指出,当考虑到贸易重力模型的理论时,应该考虑三个主要因素:其一,一国潜在的向世界市场供给的(或出口)总规模。其二,一国潜在的对世界市场的总需求(或进口)规模。其三,那些阻碍贸易发生并影响贸易规模的因素。这主要包括一般的关税壁垒和运输成本。如果不考虑资本、服务或者土地转让,那么第一、二项应该相等。检验国际贸易的重力模型的基本形式是:

$$X_{ij} = b_0 Y_i^{b1} Y_j^{b2} N_i^{b3} N_j^{b4} D_{ij}^{-b5} P_{ij}^{-b6} \tag{3—4}$$

[①] 参见谷克鉴《中国的经济转型与贸易流动——基于制度和技术因素的理论考察和计量研究》,中国人民大学出版社2006年版,第17—18页。

其中，X_{ij} 表示两国的贸易流动规模，b_0 是常数，b_1、b_2、b_3、b_4、b_5、b_6 分别代表加权几何平均系数，Y_i 和 Y_j 分别代表 i 和 j 国人均国内支出，N_i 和 N_j 分别代表两国人口，D_{ij} 代表两国间由于地理距离对贸易形成的阻碍，P_{ij} 是考虑两国优惠贸易因素的虚拟变量。

在后续的贸易重力模型扩展中，研究者主要依据自己的研究重点，按照影响双边贸易流量的主要因素设置不同的解释变量，来分析这些因素的影响方向和影响大小，并对贸易潜力进行测算，重力模型成为研究预测国际贸易流量最富有成效的方法。

（二）贸易重力模型的理论基础

贸易重力模型在实证分析中得到了广泛应用，从理论上对其提供基础支持就显得非常重要了。从 20 世纪 70 年代后期开始，经济学家开始从理论上为贸易重力模型寻找基础。Anderson 率先在产品差异假设前提下推导出了重力方程。Bergstrand 则在简单的垄断竞争模型框架下利用贸易重力模型从理论上探讨了决定双边贸易的因素。Deardorff 也已证明，差异产品的新贸易理论和古典赫克歇尔—俄林比较优势理论都可以为双边贸易的重力模型提供理论支持。Helpman 在具有规模经济的差异产品框架下修正了重力模型。Deardorff 对这些理论推导进行了综合，认为重力模型体现了许多模型的特点，并能够从标准贸易理论中推导出来。Anderson & Wincoop 在不变替代弹性支出系统的基础上推导出操作性较强的重力模型。这些理论不仅为贸易重力模型提供了理论支持，还有助于解释各项实证应用结果中所出现的各种问题和差异，使贸易重力模型逐渐脱离了长期以来受到"缺乏理论基础"质疑的窘况。[①] 在中国，关于重力模型在国际贸易中应用的理论基础，史朝兴、顾海英、秦向东和谷克鉴等都进行了系统归纳和

[①] J. E. Anderson, "A Theoretical Foundation for the Gravity Equation," *American Economic Review*, Vol. 69 (1979), pp. 106-116; J. H. Bergstrand, "The Gravity Equation in International Trade: Some Microeconomic Foundations And Empirical Evidence," *The Review of Economics and Statistics*, Vol. 67, No. 3 (1985), pp. 474-481; J. H. Bergstrand, "The Generalized Gravity Equation, Monopolistic Competition, and the Factor-Proportions Theory in International Trade," *The Review of Economics and Statistics*, Vol. 71 (1989), pp. 143-153; Alan. Deardorff, "Determinants of Bilateral Trade: Does Gravity Work in a Neoclassical World?" In Jeffrey A. Frankel, ed., *The Regionalization of the World Economy*, Chicago: University of Chicago for the NBER, 1998; E. Helpman, "Imperfect Competition and International Trade: Evidence from Fourteen Industrial Countries," *Journal of the Japanese and International Economies*, Vol. 1 (1987), pp. 62-81; J. E. Anderson and E. Wincoop, "Gravity with Gravitas: A Solution to the Border Puzzle," National Bureau for Economic Research Working Paper No. 8079, 2001.

综述。① 表3—1总结了具有代表性的对贸易重力模型的理论基础推导。

表3—1　　　　　　　　贸易重力模型的理论基础推导

	年份	作者	推导方法	方程形式
不基于贸易理论的重力模型推导	1979	Anderson	支出系统法	$M_{ij} = \dfrac{Y_i Y_j}{Y^W}$
	1985	Bergstrand	一般均衡法	极为复杂，从略
	2003	Anderson & Wincoop	多边阻力法	$M_{ij} = \dfrac{Y_i Y_j}{Y^W}\left(\dfrac{t_{ij}}{P_i P_j}\right)^{1-\sigma}$
基于贸易理论的重力模型推导	1989	Bergstrand	基于H-O模型和Linder假设	极为复杂，从略
	1995	Deardorff	基于H-O模型	$M_{ij} = \dfrac{Y_i Y_j}{Y^W}\left(1 + \sum_K \lambda_K \alpha_{iK} \beta_{iK}\right)$
	2002	Evenett & Keller	基于H-O模型和规模报酬递增	$M_{ij} = \dfrac{Y_i Y_j}{Y^W}$

资料来源：转引自史朝兴、顾海英《贸易重力模型研究新进展及其在中国的应用》，《财贸研究》2005年第3期。原文作者标注：方程具体形式和含义可参考相应的参考文献。

（三）引入制度变量的贸易重力模型及应用

进入21世纪以来，随着制度经济学的发展，制度水平因素开始被广泛引入贸易重力模型，这一类扩展成为中外研究者尤其是国外研究者的重点。对于制度因素的研究不再仅限于是否属于同一优惠贸易安排或区域经济一体化组织这种粗糙的模式，开始用具体量化的指标来衡量制度因素对双边贸易的影响。

1. 对区域贸易协定影响的衡量

根据维纳的关税同盟理论，区域贸易协定促进了成员国之间的贸易，产生了贸易创造效应和贸易转移效应，② 重力模型则越来越多地被用来衡量区域贸易协定对双边贸易的影响。Soloaga & Winters 分析了20世纪90

---

① 史朝兴、顾海英、秦向东：《引力模型在国际贸易中应用的理论基础研究综述》，《南开经济研究》2005年第2期；史朝兴、顾海英：《贸易引力模型研究新进展及其在中国的应用》，《财贸研究》2005年第3期；谷克鉴：《中国的经济转型与贸易流动——基于制度和技术因素的理论考察和计量研究》，中国人民大学出版社2006年版，第14—37页。

② J. Viner, The Economics of Customs Unions, Ch. 4 in The Customs Union Issue, New York: Carnegie Endowment for International Peace, 1950.

年代经济区域化的影响，Blavy 则考察了马里兰与各国间贸易的决定因素和发展潜力，Lucian Cermal 利用重力模型和面板数据研究了发展中国家之间所建立的区域贸易协定对成员国之间贸易产生的较大影响。[①]

国内学者对区域贸易协定制度安排的研究大部分集中在对 APEC、ASEAN、东亚、东北亚等区域范围。侯明、李淑艳、黄烨菁、林玲、王炎、张昱、唐志芳、王可等人[②]验证了 APEC 对中国和贸易伙伴国进出口流量的影响，认为 GDP、人均 GDP、距离以及 APEC 对中国双边贸易影响的作用十分显著。王铠磊研究了 APEC 和 ASEAN 两个优惠贸易安排的影响，结果显示，重力模型的简约形式能够比较好地揭示出影响中国与其主要贸易伙伴国之间贸易流量的因素；APEC 的制度安排对中国的对外贸易有着显著的影响，而东盟和中国自由贸易区由于刚刚起步，尚未发挥预期的作用。[③] 与之不同，吴丹等对中国—东盟自由贸易区对中国对外贸易的影响做了实证分析和研究，认为，贸易区的建立对双方间的贸易增长起到了很大的作用。[④] 安烨、李秀敏、张立学检验了决定东北亚各国 2003 年双边贸易状况的主要因素，并对东北亚各国之间应有的贸易额进行了估计，以发掘东北亚各国之间的贸易潜力。[⑤]

此外，李钦探讨了上海合作组织对新疆及中亚各国贸易流量的影响，伍泽君在重力模型中引入了一个新的虚拟变量 EUE（European Expansion）来反映欧盟东扩对中欧农产品贸易的影响。他认为，欧盟东扩会对中欧农

[①] Isidro Soloaga & Alan Wintersb, "Regionalism in the Nineties: What Effects on Trade?" *The North American Journal of Economics and Finance*, Elsevier, Vol. 12, No. 1 (2001), pp. 1-29; Rodolphe Blavy, "Trade in the Mashreq: An Empirical Examination," International Monetary Fund, Middle Eastern Dept., WP/01/163, 2001.

[②] 侯明、李淑艳:《制度安排与东北亚地区贸易发展》,《东北师范大学学报》（哲学社会科学版）2005 年第 6 期；黄烨菁:《应用扩展型贸易引力模型的中国对外贸易流量研究》,上海市社会科学界第五届学术年会, 2007 年 6 月 30 日；林玲、王炎:《贸易引力模型对中国双边贸易的实证检验和政策含义》,《世界经济研究》2004 年第 7 期；张昱、唐志芳:《贸易引力模型：来自中国的实证与启示》,《经济经纬》2006 年第 4 期；王可:《中国与东盟区域贸易的现状、潜力与前景》, 吉林大学 2008 年博士学位论文。

[③] 王铠磊:《国际贸易流量的影响因素——基于贸易引力模型和中国数据的实证分析》,《世界经济情况》2007 年第 12 期。

[④] 吴丹:《东亚双边进口贸易流量与潜力：基于贸易引力模型的实证研究》,《国际贸易问题》2008 年第 5 期。

[⑤] 安烨、李秀敏、张立学:《贸易引力模型对东北亚五国的实证检验及贸易潜力分析》,《长春金融高等专科学校学报》2005 年第 4 期。

产品贸易产生不利影响。① 盛清在传统贸易重力计量模型中引入 CEPA（内地与香港关于建立更紧密经贸关系的安排）作为虚拟变量，研究 CEPA 对中国中部六省与香港地区贸易的促进作用，结论发现作用并不明显，继而提出了如何更好地发挥 CEPA 机制，增进中部地区与香港地区贸易量的相关建议。②

许多学者还从行业层面利用重力模型分析了影响双边贸易流量的因素。史朝兴、顾海英利用 1998—2002 年中国对其主要蔬菜出口贸易伙伴之间贸易流量数据，对中国蔬菜出口的重力模型进行了回归测算，结果表明：蔬菜进口国的经济总量、中国蔬菜行业的国内生产总值和 APEC 区域贸易制度安排对中国蔬菜出口贸易流量和流向有着显著的正面影响，距离所代表的运输成本则是阻碍蔬菜出口的主要因素。③ 庄丽娟、姜元武、刘娜对广东省农产品向东盟出口的影响因素进行了验证，并对出口东盟的农产品流量进行了测算分析。结果显示，广东省对东盟农产品出口量主要受东盟国家 GDP、人均 GDP、两国距离及区域贸易制度安排等因素的影响，广东省与多数东盟国家呈现出"贸易不足"的情况。④ 马琳、李文强建立了中国大陆水产品出口贸易重力模型方程，对中国大陆水产品出口的贸易流量和流向进行了实证研究，研究认为，中国大陆的渔业生产总值、水产品进口国家和地区的经济总量及 APEC 区域贸易制度安排对中国大陆水产品出口贸易有着显著的正面影响，而距离所代表的运输成本是阻碍水产品出口的最主要因素。⑤ 赵雨霖、林光华对中国与东盟 10 国双边农产品贸易流量与贸易潜力进行了深入的分析。结果表明，两经济体双边农产品贸易流量主要受经济规模、国家人口数量、两国首府之间直线距离以及各种贸易制度安排等因素的影响。其中经济规模和优惠贸易安排是最重要的影

---

① 李钦：《贸易引力模型对中国新疆与中亚四国贸易流量的实证检验及出口潜力分析》，《改革与战略》2008 年第 11 期；伍泽君：《中国对欧盟农产品出口贸易的引力模型——基于欧盟东扩前后的比较》，《现代经济信息》2008 年第 10 期。
② 盛清：《CEPA 框架下我国中部六省与香港地区贸易的引力模型分析》，《企业技术开发》2007 年第 11 期。
③ 史朝兴、顾海英：《我国蔬菜出口贸易流量和流向——基于行业贸易引力模型的分析》，《新疆大学学报》（社会科学版）2005 年第 3 期。
④ 庄丽娟、姜元武、刘娜：《广东省与东盟农产品贸易流量与贸易潜力分析——基于引力模型的研究》，《国际贸易问题》2007 年第 6 期。
⑤ 马琳、李文强：《基于贸易引力模型的中国大陆水产品出口市场布局优化研究》，《安徽农业科学》2008 年第 22 期。

响因素。①

制度的一致性会导致相同并进一步相互熟悉的非正式商业程序的出现，这会降低交易成本。为了反映制度的相似性，研究者往往会在治理的各方面加入虚拟变量。先根据样本数据给出每个制度指标的均值，如果两个国家制度指标值都高于或低于样本均值，则可以认为，该组国家具有制度上的相似性，相应的虚拟变量取值为 1；如果两国制度指标值在样本均值两侧，则虚拟变量取值为 0（这种代表制度趋同性的方法较粗糙，但是在解释力上明确而且简单）。

2. 对制度因素影响作用的衡量

许多近期的实证论文在重力模型中应用了更为复杂的办法研究制度的质量。Anderson & Marcouiller 运用来自 World Economic Forum 对合约履行和腐败所作的调查资料作为制度水平指数，引入一系列经济制度变量，以反映制度对贸易流量的影响。研究结果表明，交易成本与阻碍国际贸易的非安全因素显著相关，如果一个国家的透明度和公正指数上升 10%，该国的进口需求将上升 5%②；Groot 等人引入的制度变量包括政治稳定性、政府效率和管制等六个方面。他们利用区域贸易协定虚拟变量来表示贸易壁垒，包括了关税和非关税壁垒指数③，发现低劣的制度对贸易有较大的负面影响，制度优越的国家对外贸易量更大，两国制度水平相近会促进双边贸易的发生。计算结果还表明，两国制度相似可提高两国间贸易流量 12%—18%，依进出口不同，管制质量每提高一个标准差可提高两国间贸易流量 20%—24%，腐败程度下降一个标准差可提高贸易量 17%—27%。Rauch and Trindade 重点研究了跨国网络对贸易的影响。这些网络代表了非正式制度，或者是代替正式制度发挥作用，或者是作为已有正式制度的补充。其研究显示，在国际贸易合约履行中，商人网络发挥着重要的作用。④ 他们还可以通过降低信息成本来削减交易成本。他们发现，华人网

---

① 赵雨霖、林光华：《中国与东盟 10 国双边农产品贸易流量与贸易潜力的分析——基于贸易引力模型的研究》，《国际贸易问题》2008 年第 12 期。

② J. E. Anderson and D. Marcouiller, "Insecurity and the Pattern of Trade: An Empirical Investigation," *Review of Economics and Statistics*, Vol. 84, No. 2 (2002), pp. 345-352.

③ H. L. F De Groot, G. J. Linders, P. Rietveld and U. Subramanian, "The Institutional Determinants of Bilateral Trade Patterns," *Kyklos*, Vol. 57, No. 1 (2004), pp. 103-123.

④ 参见 Grief (1993) 关于商人联盟的作用研究，这些联盟控制着中世纪马格里布商人间的代理关系。

络的出现对双边贸易产生了重要的正面影响，这种影响对差异产品来说要大于对同质产品的影响。这种现象出现的原因在于，对异质产品来说，信息成本更重要些。①

潘向东等人的研究发现，正式约束的法律制度、交易国的经济制度因素和影响企业运行费用的制度都对中国与其他国家间贸易的进行有着显著影响。他们进一步的检验结果表明，进口国制度安排对两国间高技术产品贸易有着显著影响。在制定中国高技术产品出口策略时，就短期而言，应该更注意交易国合约实施方面的制度安排，就长期而言，应注重制度环境的改善。②

吴丹选取东亚10个经济体，除了进出口国GDP、两国地理距离外，还引入了贸易政策指数、政府财政负担指数、政府干预指数、货币政策指数、资本流动与外国投资指数、银行与金融指数、薪酬与价格指数、产权指数、监管指数和黑市活动指数等反映一国制度水平的一系列解释变量，来探讨、分析制度因素对东亚经济体间贸易的影响。结果表明，制度对东亚经济体间贸易的影响是显著的。其中，对东亚经济体出口贸易有着重要影响的制度因素从大到小依次为：银行与金融、政府干预、黑市活动、资本流动与外国投资、货币政策。对东亚经济体间进口贸易有着重要影响的制度因素从大到小依次为：银行与金融、政府干预、产权、政府负担。政府干预对东亚经济体间进口贸易的影响要大于对出口贸易的影响。③

三 小结

制度对国际贸易的发生以及利益分配起着决定性的作用，尤其体现在产权制度和合约实施质量对国际贸易的影响上。

第一，制度尤其是产权制度的优劣通过对技术创新、资本积累、市场效率以及市场结构的影响决定着一国产品在国际上的竞争力。制度优越的

---

① James E. Rauch and Vitor Trindade, "Ethic Chinese Networks in International Trade," *The Review of Economics and Statistics*, Vol. 84, No. 1 (2002), pp. 116-130.

② 潘向东、廖进中、赖明勇：《制度因素与双边贸易：一项基于中国的经验研究》，《世界经济》2004年第5期；《进口国制度安排与高技术产品出口：基于引力模型的研究》，《世界经济》2005年第9期。

③ 吴丹：《制度因素与东亚双边贸易：贸易引力模型的实证分析》，《经济经纬》2008年第3期。

国家往往能够促进技术革新和进步，有利于劳动生产率的提高，有利于提高人们的储蓄倾向，实现人力资本和物资资本的积累，有利于形成完善、高效的市场机制和市场结构，这都是一国参与国际竞争的根本。

第二，合约实施制度是贸易利益得以实现的保证。好的合约实施制度，不管是正式的法律制度还是非正式的网络、信誉机制，都能够提高人们对合约实施的预期，从而促进国际贸易的发生。

第三，随着制度经济学的发展，人们越来越关注正式制度和非正式制度对国际贸易流量的影响。不少研究证实，贸易伙伴国的法律制度、合约实施保障制度、产权安全性等因素在很大程度上影响着交易者对交易安全性的预期，因此，制度的优劣对于双边贸易流量有着突出的影响。更为重要的是，制度水平相似的国家更容易构建起信任基础，从而有利于双边贸易的进行，这是除了一系列贸易优惠安排之外，区域经济一体化组织内部成员国之间交易显著扩大的重要原因。

第四，贸易重力模型在双边贸易流量影响因素问题上具有较强的解释力且在诸多应用中取得了较大的成功。大部分研究表明，无论是从贸易整体上看，还是仅从行业层面看，贸易伙伴的经济规模、空间距离、人口和制度安排都是显著的影响因素。

第四章 世界不同类型国家制度水平与国际贸易的相关性分析

一 全球对外贸易的发展

(一) 全球经济发展状况

据联合国贸易与发展会议《2009年贸易和发展报告》,始于美国次级房贷市场的金融危机迅速蔓延,横扫整个美国金融体系,几乎同时席卷了其他发达国家的金融市场。从众多发达国家和新兴市场经济体的股票市场和房地产市场,到货币市场和初级商品市场,无一幸免。金融机构倒闭及接踵而至的信贷危机影响了实体经济的活动并加速了私人需求的下滑,造成自20世纪30年代大萧条以来的最大衰退。受危机影响最严重的是金融部门公司的收入和就业,但也影响到建筑业、资本产品和耐用消费品这些需求严重依赖信贷的行业。2009年第一季度,全世界主要经济体大部分固定资本形成和制造业产出以两位数率下降。同时,许多国家非金融部门的偿贷能力问题使金融系统雪上加霜,世界贸易放缓以及生产萧条,世界经济出现了明显的下滑。这一现象先是发生在发达国家,后来延续到发展中国家。以实际国内生产总值指标来衡量的世界总产出增长率也出现了明显的下降,由2007年的3.5%下降到2008年的1.7%。其中,发达国家2008年GDP增长率为0.8%,大大低于2007年的2.5%以及2000—2008年2.2%的平均水平。而发展中国家2008年的总产出值提高5.6%,低于2007年7.5%的增长率,与2000—2008年的平均水平基本持平。2008年,石油出口国取得了较高的经济增长率(5.5%),最不发达国家增长最快,达到6.6%，略高于它们在2000—2008年6.3%的年均增长率。

世界不同地区的GDP增长率相差较大。欧洲和北美国家仅获得了1%的增长率，而中南美洲的石油出口国、独联体国家、非洲以及中东国家的GDP增长率均在5%以上。亚洲经济增长率在2008年仅为2%，主要由于占份额较大的日本经济出现下滑，增长率为-0.7%。与之形成鲜明对比的是，发展中的亚洲国家（不包括日本）增长率达5.7%，其中中国经济增长9.0%，成为该地区增长最强劲的国家。

（二）全球贸易发展

世界贸易组织《世界贸易报道》（2009）提供的数据显示，2008年，世界货物贸易实际增长率为2%，与2007年6%的增长率相比，出现了大幅度下降。但是，这一增长率仍然高于同期世界产出的增长率（1.7%）（如表4—1所示）。以名义价格计算，2000—2008年，世界货物与商业服务出口年均增长率达到12%，近年来，货物出口增长速度普遍快于商业服务出口。世界货物出口在2008年增长15%，达到15.8万亿美元，同期商业服务出口贸易上涨11%，达到3.7万亿美元。

表4—1　　　　世界货物贸易与商业服务出口贸易发展概况　　　（10亿美元;%）

项目	金额	年均增长率			
	2008	2000—2008	2006	2007	2008
货物贸易	15775	12	16	16	15
商业服务贸易	3730	12	13	19	11

资料来源：货物贸易值取自世界贸易组织《世界贸易报道》（2009）第13页；商业服务贸易值取自同一文献第14页。

（三）主要发达国家对外贸易状况

表4—2和表4—3分别给出了世界主要发达国家1998—2008年人均进出口额以及年增长率。可以看到，受1997年亚洲金融危机的影响，多数国家1998—2001年的进出口增长停滞，有些甚至出现了大幅度下滑，但2002年即得到迅速复苏。大多数国家在以后的年份均保持了两位数以上的年增长率，而且人均进出口额都在万美元以上，国际贸易得到迅速发展。

表4—2　　　　　主要发达国家1998—2008年人均进出口额　　　　　（美元）

国家	1998	1999	2000	2001	2002	2003	2004	2005	2006	2007	2008
加拿大	14743	16028	18141	17059	16929	18392	21127	24082	26351	28686	30807
美　国	6680	7228	8311	7825	7814	8335	9634	10774	12061	13099	14294
奥地利	20907	21298	21495	22364	24111	30251	36403	38990	42311	50424	56167
比利时	6613	39878	42590	43053	45405	53819	64590	70777	77402	92430	103991
丹　麦	23077	24451	25761	26243	28881	33443	39094	43848	50045	57604	65809
法　国	12555	12641	12990	12781	13127	15644	18277	19237	20563	23296	25961
德　国	14931	15061	15394	15615	16395	20009	23837	25715	29467	34687	38839
意大利	9920	9531	9856	9922	10394	12373	14603	15611	17627	20721	22497
挪　威	22502	23141	26441	26265	27439	31307	37510	45366	52296	61708	73256
瑞　典	20873	21220	22058	19903	21263	26530	32026	34733	39487	46920	51663
瑞　士	26182	26673	27126	27439	29440	33807	39950	43673	48663	56534	64912
英　国	12894	13153	13827	13561	14404	16017	18849	20530	23681	25049	25566
日　本	6519	6986	8092	7174	7187	8038	9630	10456	11549	12625	14553

资料来源：世界银行网站。

表4—3　　　主要发达国家1999—2008年人均进出口额年增长率　　　（%）

国家	1999	2000	2001	2002	2003	2004	2005	2006	2007	2008
加拿大	8.72	13.18	-5.96	-0.76	8.64	14.87	13.99	9.42	8.86	7.40
美　国	8.20	14.99	-5.85	-0.15	6.67	15.59	11.83	11.94	8.61	9.12
奥地利	1.87	0.92	4.05	7.81	25.46	20.34	7.11	8.52	19.17	11.39
比利时	NA	6.80	1.09	5.46	18.53	20.01	9.58	9.36	19.42	12.51
丹　麦	5.96	5.36	1.87	10.05	15.79	16.90	12.16	14.13	15.10	14.24
法　国	0.69	2.76	-1.61	2.71	19.18	16.83	5.25	6.89	13.30	11.44
德　国	0.87	2.21	1.44	4.99	22.04	19.13	7.88	14.59	17.72	11.97
意大利	-3.93	3.41	0.68	4.75	19.04	18.03	6.90	12.92	17.55	8.57
挪　威	2.84	14.26	-0.67	4.47	14.10	19.81	20.95	15.27	18.00	18.71
瑞　典	1.67	3.95	-9.77	6.84	24.77	20.72	8.45	13.69	18.82	10.11
瑞　士	1.88	1.70	1.16	7.29	14.83	18.17	9.32	11.43	16.18	14.82
英　国	2.01	5.12	-1.92	6.21	11.20	17.68	8.92	15.34	5.78	2.07
日　本	7.17	15.83	-11.35	0.19	11.83	19.81	8.57	10.45	9.32	15.27

资料来源：世界银行网站。

图 4—1 反映了世界主要发达国家 1998—2008 年人均进出口额的变动情况。很明显，大多数国家的人均进出口额都有显著的增加，尤其是瑞士、挪威、丹麦等国家，2008 年比 2007 年的增长率分别提高 14.82%、18.71% 和 14.24%。

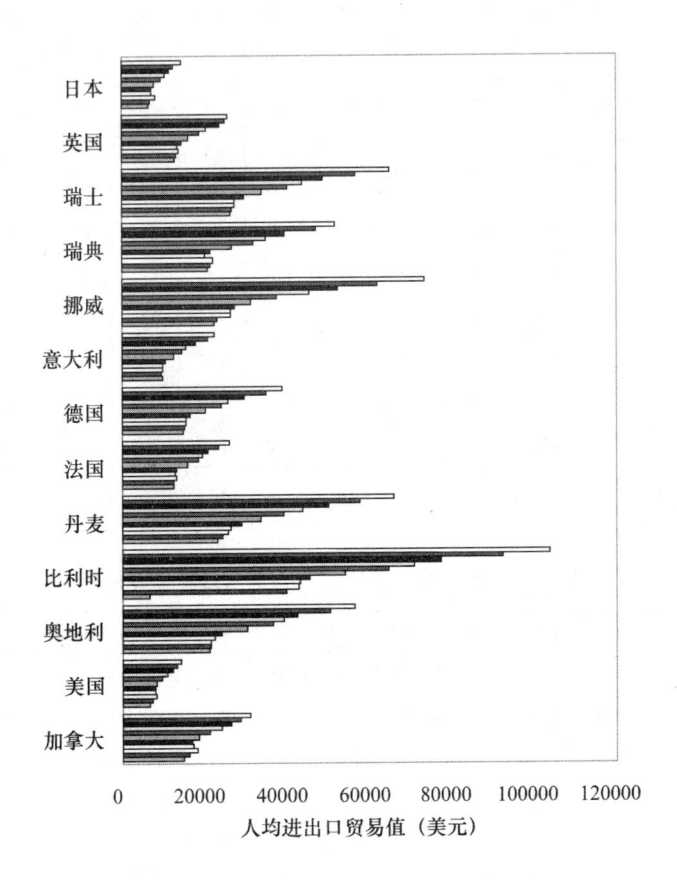

图 4—1　主要发达国家 1998—2008 年人均进出口贸易值的变动

（四）最不发达国家对外贸易状况

表 4—4 和表 4—5 分别给出了世界上最不发达国家 1998—2008 年人均进出口额以及年增长率。这些国家的人均进出口额同世界主要发达国家相比，差距是非常大的。可以看到，同样受 1997 年亚洲金融危机的影响，多数国家 1998—2001 年的进出口受到不同程度的影响，也是在 2002 年即得到复苏。大多数国家在以后的年份里均保持了较高的年增长率，马达加

斯加、布隆迪、埃塞俄比亚等国的增长更为突出，多数年份的增长率达20%以上。

表 4—4　　　　　　最不发达国家1998—2008年人均进出口额　　　　　　（美元）

国　　家	1998	1999	2000	2001	2002	2003	2004	2005	2006	2007	2008
布隆迪	32	24	29	26	24	29	37	57	85	68	79
中非共和国	100	90	90	80	82	78	92	97	113	135	160
埃塞俄比亚	35	35	32	39	39	48	68	87	98	123	167
尼泊尔	82	94	104	95	84	104	120	134	142	170	209
乌干达	89	78	84	87	73	85	106	132	157	211	267
坦桑尼亚	81	80	81	95	97	116	146	172	208	251	322
海地	152	179	182	170	183	194	216	236	272	307	347
莫桑比克	78	96	105	120	149	168	197	236	291	307	360
马达加斯加	95	102	138	144	102	151	183	180	195	283	388
巴基斯坦	128	131	140	138	149	178	230	305	344	368	445

资料来源：世界银行网站。

表 4—5　　　　最不发达国家1998—2008年人均进出口额年增长率　　　　（%）

国　　家	1999	2000	2001	2002	2003	2004	2005	2006	2007	2008
布隆迪	−25.87	22.92	−10.65	−6.38	18.68	28.96	52.00	49.82	−20.49	16.28
中非共和国	−10.18	0.76	−11.50	2.54	−4.96	18.57	4.63	17.23	19.19	18.56
埃塞俄比亚	1.15	−8.60	21.54	−2.16	25.22	41.24	27.27	12.75	26.17	35.05
尼泊尔	14.43	11.19	−8.79	−11.33	23.49	15.64	11.63	5.94	19.13	23.43
乌干达	−12.51	7.78	3.91	−16.79	16.57	25.18	24.64	19.02	33.93	26.52
坦桑尼亚	−1.82	1.61	17.37	1.45	19.83	26.01	17.80	20.93	20.58	28.33
海地	18.27	1.60	−6.73	7.46	6.12	11.55	9.39	15.21	12.64	12.92
莫桑比克	22.74	9.43	14.70	23.87	12.41	17.65	19.52	23.38	5.53	17.37
马达加斯加	7.19	34.74	4.29	−28.81	48.12	21.13	−1.73	8.42	45.11	36.85
巴基斯坦	2.82	6.87	−1.45	7.80	19.44	29.11	32.79	12.71	6.92	21.14

资料来源：世界银行网站。

第四章 世界不同类型国家制度水平与国际贸易的相关性分析　83

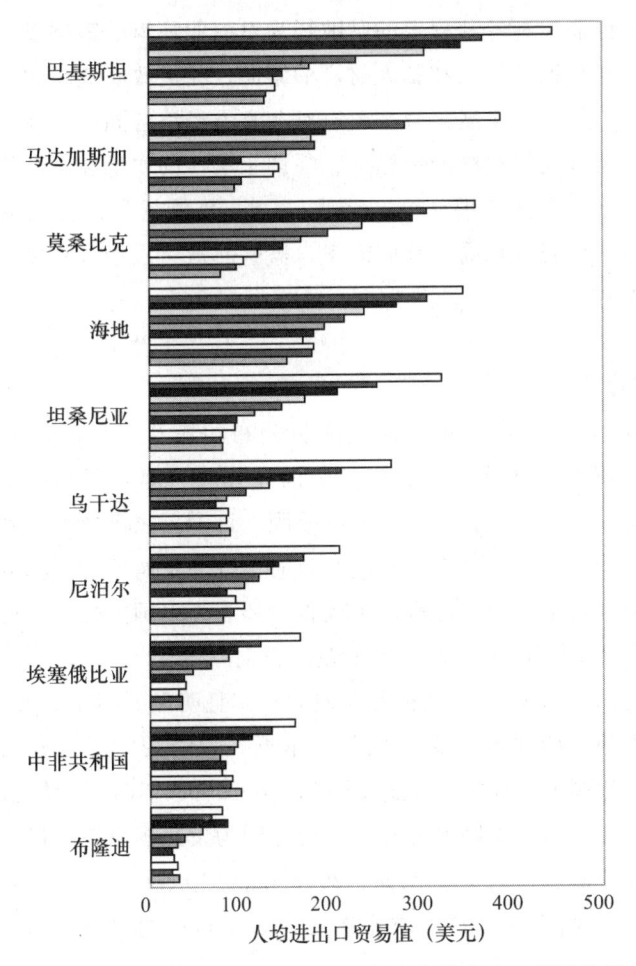

图4—2　最不发达国家1998—2008年人均进出口贸易值的变动

二　不同类型国家的制度水平

　　La Porta, Lopez-Silance, Shleifer & Vishhy（1997, 1998）和 Acemoglu, Johnson & Robinson（2001, 2002）的一系列论文均证明了一个显著的事实，那就是制度对经济发展至关重要，发达国家的制度优于发展中国家。本书采用全球公共治理指标（WGI）来反映一国制度的发展水平。鉴于本书探讨的是与国际贸易相关的产权制度和合约实施制度等因素，我们应用世界公共治理指标的后四项，即"政府效率"、"监管质量"、"法治"和"腐败控制"。良好的产权保护不仅意味着政府有能力制定并执行有效的政策，也能控制各种程度的腐败行为对商业环境的影响以及精英集团控制国家、参与掠夺国家和私人财富的倾向，促进政府效率的提高，还能促进私营经济部门的发展，减少政府对非官方经济合同的干预；合约实施制度反映在监管质量和法治指标上，强调了法律的质量和对合约的强制执行力。这些指标取值范围从 -2.5 到 +2.5，数值越高，表明该国公共治理水平越高，代表着较高的政府效率、监管质量、法治水平以及较强的控制腐败的能力。

(一) 制度水平

根据 2009 年 6 月世界银行研究人员公布的最新《全球治理指标报告》（1996—2008），十多年来，世界各国在公共治理方面的发展很不平衡，有进有退，国家间存在着相当大的差距。许多国家已经意识到公共治理的重要性并积极做出了反应，它们在政府治理和反腐败方面都取得了较大的进步，但也有不少国家没有多少改善，还有许多国家处于观望状态。

1. 不同类型国家的公共治理水平差距较大

经济发达国家的 WGI 各项指标普遍为正，且明显要高于欠发达国家。最不发达国家的 WGI 指标普遍为负值，本书在后续的内容中分别给出了有代表性的发达国家以及最不发达国家 1996—2008 年四项指标值，可以明显地看出各国之间的差距。此外，即使是同为发达国家或者最不发达国家，这些指标差额也比较大。比如，2008 年，意大利"政府效率"指标仅为 0.39，丹麦则高达 2.19，瑞士次之，为 2.06；意大利"腐败控制"指数仅为 0.13，而丹麦和瑞典则分别高达 2.32 和 2.24。

2. 不同类型国家的治理质量不均衡

根据《全球治理指标报告》公布的数据，2002—2007 年全球整体治理情况有改善也有倒退，国家之间存在着相当大的差距。

(1) 许多发展中国家治理质量明显提高

许多发展中国家在控制腐败方面取得了重要进展，其中有些国家总体治理指标已经与富裕国家不相上下，这些国家的政府领导人、社会团体和私营部门已经达成共识，良好的治理和有效的腐败控制是一国经济可持续发展与分享型增长的重要条件，取得这些进步是改革的结果。十多个新兴国家，包括斯洛文尼亚、智利、博茨瓦纳、爱沙尼亚、乌拉圭、捷克、匈牙利、拉脱维亚、立陶宛、毛里求斯和哥斯达黎加等，在主要治理指标方面的得分高于希腊或意大利等工业化国家，格鲁吉亚和坦桑尼亚的"腐败控制"指标取得了明显改善。

在部分国家治理取得长足进步的同时，也有同样数量的国家的多项治理指标在恶化，包括津巴布韦、科特迪瓦、白俄罗斯、厄立特里亚和委内瑞拉。还有一些国家近年来治理情况没有发生明显的改善或恶化。

（2）许多工业化国家和新兴经济体政府治理质量的提高还有很大的空间

富强国家普遍拥有较高水平的 WGI 指数，但并非都已经达到最高水平的公共治理质量。从各国 1996—2008 年各项指标的变动趋势看，比利时、美国、德国、英国以及挪威等国在"腐败控制"上呈下降趋势，意大利则一直保持着较低水平的控制腐败能力。这些国家在这些公共治理方面还有很大的提高和优化空间。

（3）改革能够改善治理质量

改革必定能够改善治理质量。1998—2008 年，世界各国都积极提高本国治理质量而不管其起点如何。比如，中国、哥伦比亚和卢旺达在政府效率方面，刚果、格鲁吉亚和利比亚在管制质量方面，拉脱维亚、利比里亚和卢旺达等国家在法治方面，以及印度尼西亚、利比里亚和塞尔维亚等在腐败控制方面，都获得了显著的改善。

（二）主要发达国家的公共治理指标

如前所述，各国制度水平的高低与国际贸易有着紧密的联系：优越的制度既可以促进技术创新、改善组织管理、提高生产效率，形成产品的比较优势，又可以从合约实施角度增强潜在贸易者之间的相互信任度，从而促进国际贸易的发生。本书把世界各国大致分成发达国家和欠发达国家两大类别①，根据两种类型国家的制度水平和国际贸易规模和质量的比较，探讨制度与贸易之间的相关性以及相关性大小，从而验证贸易量与制度之间所存在的紧密联系。

本书抽取意大利、比利时、日本、法国、卢森堡、美国、德国、奥地利、英国、加拿大、挪威、瑞典、瑞士和丹麦 14 个主要的经济发达国家，根据《全球治理指标报告》（2009）的数据，这 14 个国家 1996 年、1998

---

① 按照世界银行的划分标准。

年、2000年、2002年、2004年、2006年和2008年"政府效率"、"监管质量"、"法治"以及"腐败控制"的指标值分别如表4—6、表4—7、表4—8和表4—9所示，变化趋势和比较分别如图4—3、图4—4、图4—5和图4—6所示。

1. 政府效率

《全球治理指标报告》显示，发达国家WGI指标普遍为正，且数值较高，但国与国之间存在着相当大的差异，变动趋势也有很大的不同。从表4—6可以很明显地看到，整体上，意大利、比利时、日本和法国等国家政府效率水平较低，尤其是意大利，2004年以前指标在0.5—1.0之间，2006年后低于0.5，2008年更是落到了0.39，政府效率呈现出较低的水平；其他国家都在1.5以上，丹麦、瑞士等国甚至超过2.0的水平。在所涉及的国家中，2008年的政府效率与1996年相比，无一例外都有所下降。尤其是意大利、比利时、美国、德国和英国，下降比较明显。加拿大、挪威、瑞典、瑞士以及丹麦保持着基本水平不变。这表明发达国家政府效率方面均没有明显突破，有的反而呈下降趋势。

表4—6　　　　　主要发达国家"政府效率"指标

国家	1996	1998	2000	2002	2004	2006	2008
意大利	0.88	0.93	0.91	0.93	0.79	0.47	0.39
比利时	2.01	1.73	1.75	1.99	1.91	1.82	1.36
日　本	1.66	1.01	1.12	1.05	1.29	1.56	1.46
法　国	1.79	1.32	1.63	1.61	1.67	1.47	1.54
卢森堡	2.23	2.05	2.09	2.17	2.04	1.76	1.65
美　国	2.22	1.61	1.91	1.82	1.85	1.66	1.65
德　国	2.09	1.82	1.95	1.81	1.57	1.76	1.65
奥地利	2.06	1.77	1.96	1.98	1.82	1.75	1.71
英　国	2.04	2.03	1.94	1.93	1.90	1.82	1.74
加拿大	2.11	1.84	1.95	2.09	2.06	2.08	1.93
挪　威	2.25	2.04	1.96	2.02	2.16	2.13	1.95
瑞　典	2.19	2.05	2.04	2.07	2.13	2.06	1.99
瑞　士	2.64	1.95	2.21	2.25	2.34	2.24	2.06
丹　麦	2.21	1.90	2.00	2.17	2.30	2.32	2.19

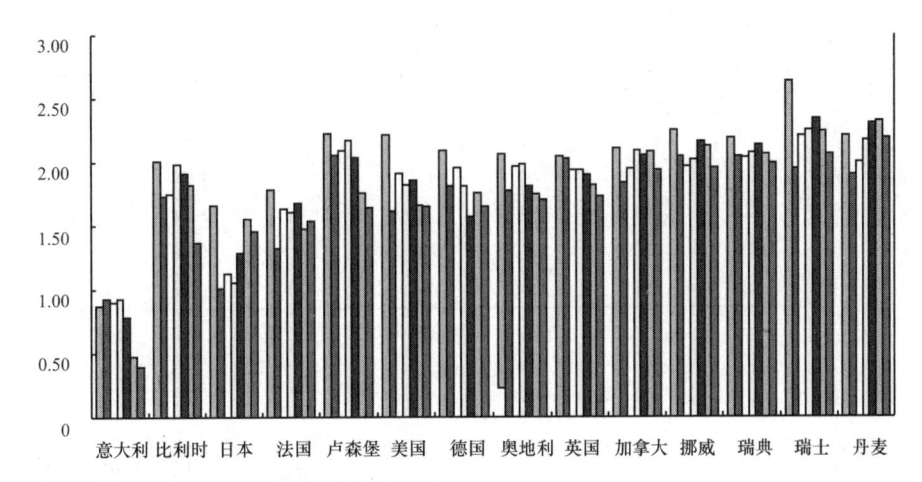

图 4—3 主要发达国家"政府效率"指标变化

资料来源：《全球治理指标报告》(2009)。

注：每个国家从左到右依次为 1996 年、1998 年、2000 年、2002 年、2004 年、2006 年、2008 年的数据。

2. 监管质量

与政府效率指标相反，大部分发达国家的监管质量指标均呈现上升的趋势，说明各国在监管方面提高了重视水平，但是国与国之间该指标值仍存在着较大差异。从 1998 年至今，卢森堡、美国和丹麦三国监管质量均在 1.5—2.0 之间，体现了较高的监管质量，而意大利监管质量仍然低于 1.0 的水平。日本、法国、比利时、加拿大等国的监管质量有较为明显的提高。

表 4—7　　　　　　主要发达国家"监管质量"指标

国家	1996	1998	2000	2002	2004	2006	2008
意大利	0.64	0.84	0.92	0.94	1.05	0.85	0.95
日 本	0.50	0.65	0.83	0.57	1.11	1.19	1.23
法 国	0.76	0.94	0.98	1.02	1.17	1.12	1.25
挪 威	1.07	1.42	1.04	1.27	1.54	1.35	1.34
德 国	1.08	1.30	1.59	1.54	1.44	1.48	1.46
比利时	0.97	1.07	1.18	1.39	1.43	1.41	1.48
美 国	1.26	1.57	1.61	1.49	1.51	1.54	1.58
奥地利	1.16	1.39	1.59	1.58	1.51	1.61	1.64
加拿大	0.92	1.49	1.49	1.59	1.65	1.56	1.66

续表

国家	1996	1998	2000	2002	2004	2006	2008
瑞士	1.09	1.58	1.75	1.70	1.59	1.44	1.66
瑞典	1.08	1.25	1.45	1.64	1.73	1.53	1.68
卢森堡	1.20	1.51	1.94	2.00	1.93	1.84	1.71
英国	1.48	1.89	1.73	1.74	1.77	1.88	1.79
丹麦	1.22	1.65	1.66	1.71	1.80	1.86	1.86

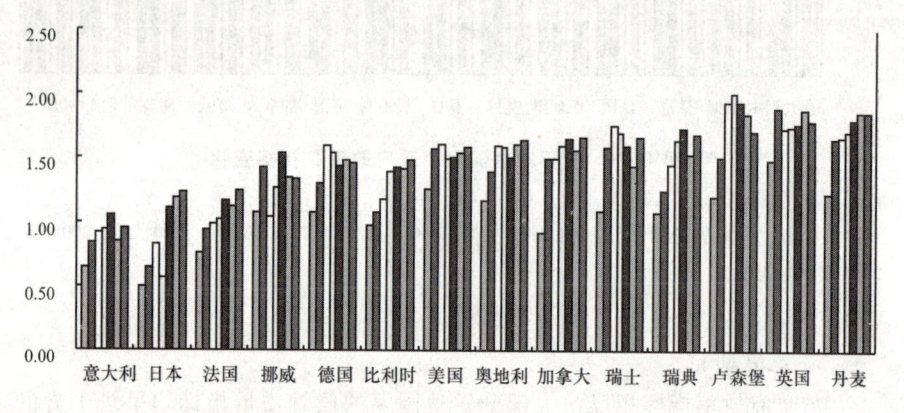

图 4—4 主要发达国家"监管质量"指标变化

资料来源：《全球治理指标报告》（2009）。

注：每个国家从左到右依次为 1996 年、1998 年、2000 年、2002 年、2004 年、2006 年、2008 年的数据。

3. 法治

从法治指标看，1996—2008 年，世界发达国家变化态势升降不一。在表 4—8 所列的 14 个发达国家中，加拿大、卢森堡、瑞典、奥地利、丹麦等国有少许上升，大部分国家该指标出现下降，但除意大利由 1996 年的 1.01 连续下降到 2008 年的 0.43 外，下降幅度并不大。一般来说，一国立法环节往往跨时较长，新法律制定、实施并得到人们认可或者旧法制废除往往需要较长时间的磨合和适应，从而法治指标变化相对比较缓慢。

4. 腐败控制

从腐败控制指标来看，意大利仍然是主要发达国家中治理水平最低的国家，且 1996—2008 年，该国腐败控制指标呈现出较大的波动，2000 年曾上升到 0.89，2008 年又落至 0.13。德国、英国、挪威三国有较大幅度的下降，但指标值并不低，其他国家均体现出较为稳定的腐败控制水平。

表 4—8　　　　　　　　主要发达国家"法治"指标

国家	1996	1998	2000	2002	2004	2006	2008
意大利	1.01	0.83	0.88	0.80	0.66	0.34	0.43
比利时	1.49	1.30	1.37	1.45	1.46	1.39	1.38
法　国	1.51	1.37	1.38	1.28	1.43	1.38	1.40
日　本	1.48	1.47	1.40	1.25	1.27	1.38	1.40
美　国	1.68	1.68	1.62	1.53	1.47	1.54	1.65
英　国	1.77	1.82	1.69	1.69	1.67	1.70	1.68
德　国	1.75	1.69	1.65	1.67	1.66	1.73	1.72
加拿大	1.75	1.78	1.71	1.72	1.78	1.82	1.81
卢森堡	1.62	1.82	1.88	1.97	1.97	1.81	1.82
瑞　士	2.04	2.00	1.92	1.90	1.95	1.91	1.86
瑞　典	1.81	1.80	1.79	1.83	1.88	1.88	1.90
奥地利	1.90	1.86	1.84	1.84	1.79	1.85	1.92
丹　麦	1.88	1.86	1.79	1.85	1.95	1.95	1.92
挪　威	2.00	2.00	1.82	1.85	1.98	2.00	1.96

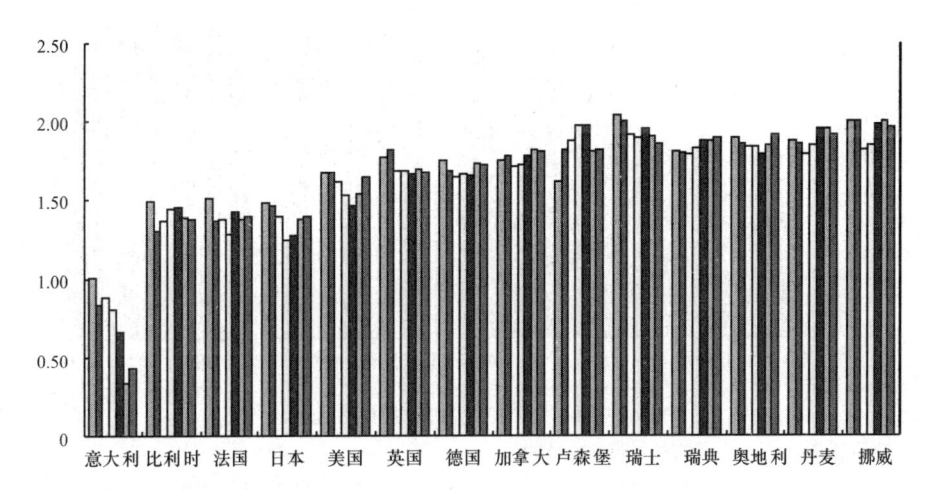

图 4—5　主要发达国家"法治"指标变化

资料来源：《全球治理指标报告》(2009)。

注：每个国家从左到右依次为 1996 年、1998 年、2000 年、2002 年、2004 年、2006 年、2008 年的数据。

表 4—9　　　　　　　　主要发达国家"腐败控制"指标

国家	1996	1998	2000	2002	2004	2006	2008
意大利	0.42	0.59	0.89	0.67	0.49	0.33	0.13
日　本	1.14	1.27	1.31	0.99	1.16	1.34	1.25
比利时	1.36	1.38	1.52	1.60	1.47	1.33	1.35
法　国	1.41	1.47	1.43	1.30	1.42	1.46	1.43
美　国	1.72	1.70	1.73	1.84	1.73	1.29	1.55
德　国	2.06	2.09	1.97	1.96	1.88	1.79	1.77
英　国	2.19	2.17	2.10	2.06	1.95	1.87	1.77
奥地利	1.95	1.88	1.85	1.96	2.04	1.93	1.82
挪　威	2.28	2.18	2.05	2.09	1.95	2.07	1.88
卢森堡	1.94	1.97	2.04	2.21	1.98	2.00	2.02
加拿大	2.20	2.04	1.98	2.02	1.87	1.89	2.03
瑞　士	2.18	2.17	2.10	2.14	2.06	2.18	2.15
瑞　典	2.26	2.22	2.23	2.24	2.14	2.20	2.24
丹　麦	2.29	2.18	2.12	2.21	2.32	2.35	2.32

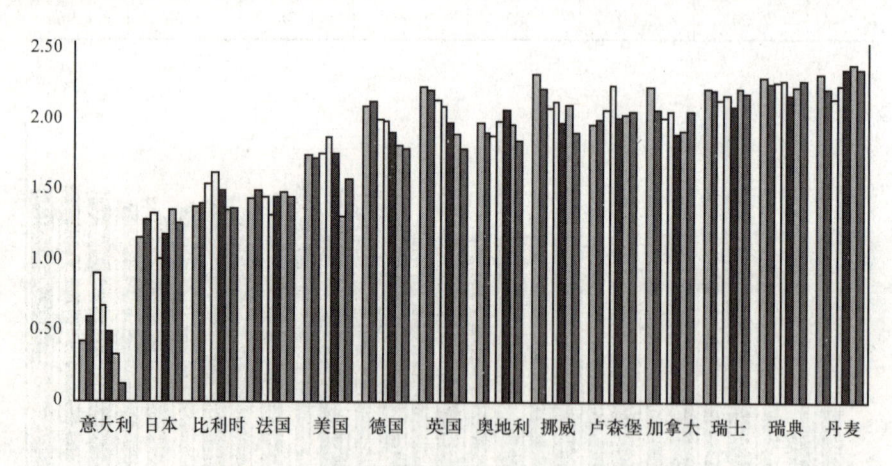

图 4—6　主要发达国家"腐败控制"指标变化

资料来源：《全球治理指标报告》(2009)。

注：每个国家从左到右依次为 1996 年、1998 年、2000 年、2002 年、2004 年、2006 年、2008 年的数据。

(三) 最不发达国家的公共治理指标

本节抽取了坦桑尼亚、乌干达、马达加斯加、巴基斯坦、尼泊尔、布隆迪、海地、中非共和国、埃塞俄比亚和莫桑比克10个世界上人均GDP最低的国家。根据《全球治理指标报告》(2009)的数据，这10个国家1996年、1998年、2000年、2002年、2004年、2006年以及2008年"政府效率"、"监管质量"、"法治"以及"腐败控制"的指标值分别如表4—10、表4—11、表4—12和表4—13所示，变化趋势与比较分别如图4—7、图4—8、图4—9和图4—10所示。

1. 政府效率

由表4—10和图4—7可以很明显地观察到所涉及的10个经济最不发达国家政府效率情况。各国政府效率指标均为负值，且尼泊尔、布隆迪、海地和中非共和国出现恶化趋势，分别由1996年的-0.25、-0.97、-1.12和-0.91急剧下降到2008年的-0.75、-1.21、-1.29和-1.45，表明相关国家政府在提供公共服务、为民服务的能力方面有所下降，政策制定的质量以及政府承诺的可信程度下降了，这显然不利于经济社会尤其是对外贸易的发展，必然会影响到其他的公共治理指标。在这十

表4—10　　　　　　最不发达国家"政府效率"指标

国家	1996	1998	2000	2002	2004	2006	2008
莫桑比克	-0.35	-0.08	-0.36	-0.41	-0.47	-0.43	-0.38
埃塞俄比亚	-0.94	-1.12	-0.97	-0.92	-0.71	-0.63	-0.43
坦桑尼亚	-0.98	-0.61	-0.50	-0.38	-0.42	-0.45	-0.45
乌干达	-0.62	-0.56	-0.43	-0.55	-0.51	-0.49	-0.51
马达加斯加	-0.99	-0.43	-0.57	-0.42	-0.36	-0.46	-0.59
巴基斯坦	-0.54	-0.65	-0.66	-0.59	-0.58	-0.53	-0.73
尼泊尔	-0.25	-0.43	-0.38	-0.41	-0.72	-0.79	-0.75
布隆迪	-0.97	-1.74	-1.45	-1.55	-1.36	-1.22	-1.21
海地	-1.12	-0.96	-1.33	-1.46	-1.69	-1.38	-1.29
中非共和国	-0.91	-1.46	-1.42	-1.59	-1.58	-1.44	-1.45

多年里，埃塞俄比亚政府效率指标呈现出逐渐改善的态势，取得了较好的效果，而莫桑比克虽然也是负值，但相对其他国家来说一直保持着较高的政府效率水平。

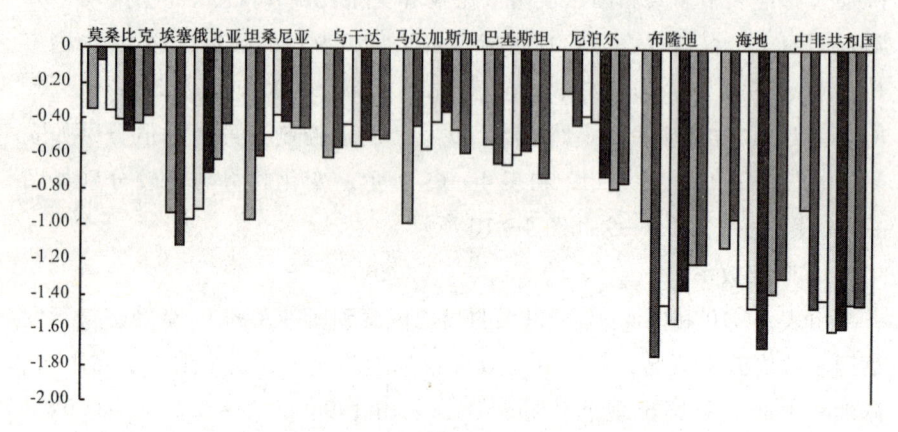

图4—7 最不发达国家"政府效率"指标变化

资料来源：《全球治理指标报告》（2009）。

注：每个国家从左到右依次为1996年、1998年、2000年、2002年、2004年、2006年、2008年的数据。

2. 监管质量

从表4—11和图4—8所显示的数据来看，除了乌干达监管质量指标在1996年和1998年略高于0值以外（分别仅为0.28和0.08），其他国家在1996—2008年该指标均处于负值，且呈现出较差的监管水平，反映出这些国家在对非官方契约进行政策干预时所导致的交易成本较高，显著影响了私营部门、企业的自由发展和竞争力的提高。坦桑尼亚和中非共和国表现出较为严重的治理水平恶化的现象，监管质量分别由1996年的-0.06和-0.27下降到2008年的-0.39和-1.28。埃塞俄比亚和莫桑比克等国该指标均有较大的改善，相比较而言，乌干达虽然有所下降，但同马达加斯加一样保持了相对较高的监管质量水平，2008年分别达到-0.08和-0.33。

表 4—11　　　　　　　最不发达国家"监管质量"指标

国家	1996	1998	2000	2002	2004	2006	2008
乌干达	0.28	0.08	-0.02	-0.11	-0.06	-0.16	-0.08
马达加斯加	-0.52	-0.80	-0.56	-0.29	-0.34	-0.26	-0.33
坦桑尼亚	-0.06	-0.31	-0.23	-0.56	-0.41	-0.34	-0.39
巴基斯坦	-0.38	-0.47	-0.70	-0.80	-0.89	-0.44	-0.47
莫桑比克	-1.00	-0.32	-0.19	-0.25	-0.45	-0.49	-0.47
尼泊尔	-0.72	-0.42	-0.55	-0.55	-0.55	-0.62	-0.66
埃塞俄比亚	-1.82	-1.10	-1.23	-1.15	-0.93	-0.87	-0.86
海地	-1.10	-0.88	-0.97	-1.03	-1.31	-0.87	-0.89
布隆迪	-1.55	-1.62	-1.19	-1.33	-1.18	-1.17	-1.18
中非共和国	-0.27	-0.96	-0.90	-1.12	-1.25	-1.26	-1.28

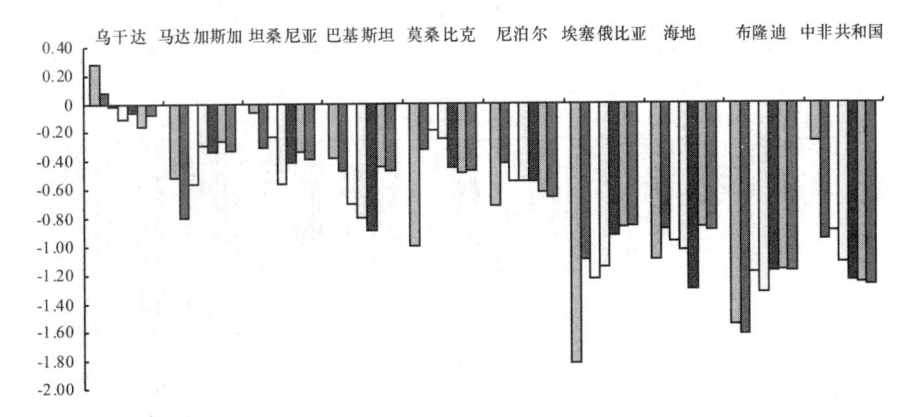

图4—8　最不发达国家"监管质量"指标变化

资料来源：《全球治理指标报告》(2009)。

注：每个国家从左到右依次为1996年、1998年、2000年、2002年、2004年、2006年、2008年的数据。

3. 法治

世界上最不发达国家的法治指标值以及变化情况如表4—12和图4—9所示，各国也呈现出较大的差别。布隆迪、海地和中非共和国等呈现出较差的"法治"水平，1996—2008年，中非共和国、尼泊尔等还产生了较大程度的恶化趋势，分别由1996年的-0.28、-0.20下降到2008年-1.44和-0.76，表明这些国家的法律质量以及对合同的强制执行力明显下降。相比较而言，坦桑尼亚、马达加斯加等国在法治指标方面有较为明显的改善，在提供公共治理方面取得了较为突出的成绩。

表4—12 最不发达国家"法治"指标

国　家	1996	1998	2000	2002	2004	2006	2008
坦桑尼亚	-0.38	-0.37	-0.42	-0.46	-0.40	-0.46	-0.28
马达加斯加	-0.96	-0.69	-0.32	-0.23	-0.14	-0.41	-0.46
乌干达	-0.70	-0.67	-0.86	-0.80	-0.80	-0.53	-0.51
埃塞俄比亚	-0.93	-0.72	-0.82	-0.79	-0.69	-0.56	-0.60
莫桑比克	-1.02	-0.91	-0.81	-0.75	-0.75	-0.70	-0.66
尼泊尔	-0.20	-0.14	-0.33	-0.40	-0.69	-0.67	-0.76
巴基斯坦	-0.55	-0.73	-0.81	-0.79	-0.88	-0.85	-0.92
布隆迪	-0.89	-1.40	-1.44	-1.41	-1.50	-1.04	-1.07
海地	-1.46	-1.40	-1.56	-1.87	-1.72	-1.53	-1.35
中非共和国	-0.28	-1.46	-1.45	-1.16	-1.68	-1.53	-1.44

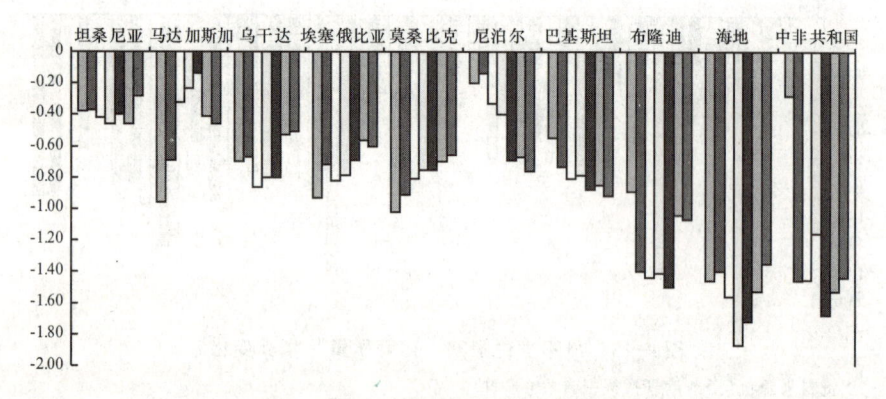

图4—9 最不发达国家"法治"指标变化

资料来源：《全球治理指标报告》(2009)。

注：每个国家从左到右依次为1996年、1998年、2000年、2002年、2004年、2006年、2008年的数据。

4. 腐败控制

在腐败控制方面，尼泊尔呈现出显著的逐年恶化趋势，表明该国腐败行为对商业环境的负面影响越来越大，精英集团控制国家、参与掠夺国家财富的倾向越来越强，显然不利于私营部门、企业的自主创新、创业和对生产的保护。埃塞俄比亚、莫桑比克、马达加斯加等国的"腐败控制"

指标有波动，但整体上呈现出优化趋势，尤其是马达加斯加，呈现出相对较高的指标值，在控制腐败方面有了较好的改善。

表4—13　　　　　　最不发达国家"腐败控制"指标

国家	1996	1998	2000	2002	2004	2006	2008
马达加斯加	0.37	-0.42	-0.05	0.13	-0.12	-0.25	-0.10
坦桑尼亚	-1.12	-1.12	-1.11	-1.01	-0.67	-0.40	-0.51
莫桑比克	-0.40	-0.71	-0.68	-0.72	-0.74	-0.66	-0.55
埃塞俄比亚	-1.14	-0.55	-0.45	-0.50	-0.72	-0.65	-0.66
尼泊尔	0.35	-0.18	-0.37	-0.28	-0.62	-0.68	-0.68
巴基斯坦	-1.04	-0.83	-0.72	-0.81	-1.05	-0.76	-0.77
乌干达	-0.58	-0.92	-1.05	-1.03	-0.74	-0.76	-0.79
中非共和国	…	-1.17	-1.30	-1.10	-1.28	-1.01	-0.90
布隆迪	NA	-1.29	-1.15	-0.98	-0.97	-1.14	-0.97
海地	-1.05	-1.38	-1.45	-1.70	-1.46	-1.44	-1.21

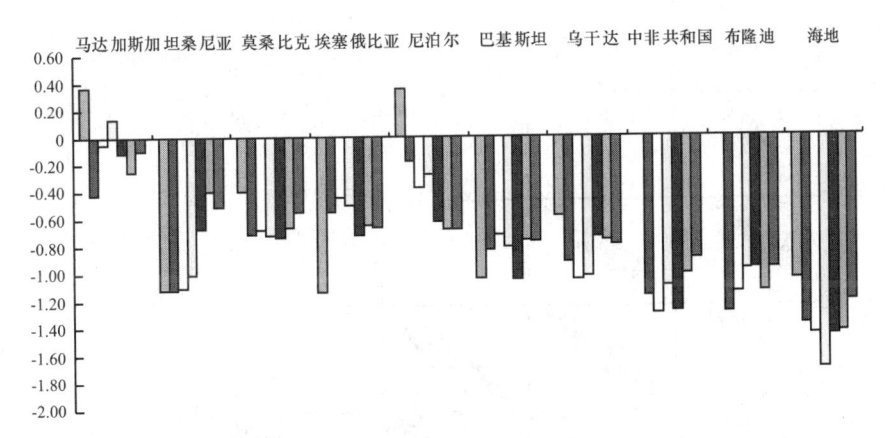

图4—10　最不发达国家"腐败控制"指标变化

资料来源：《全球治理报告》（2009）。

注：每个国家从左到右依次为1996年、1998年、2000年、2002年、2004年、2006年、2008年的数据。

综上所述，世界上经济发展水平不同的国家拥有不同的制度水平，发达国家普遍高于欠发达国家。但发达国家与发达国家之间的制度水平也有相当大的差距。经过十几年的改革与完善，世界上大多数国家的制度都有所改善，但在政府效率、法治、腐败控制方面仍然有相当大的改进空间。

三 国家治理质量与对外贸易的回归分析

(一) 相关性分析

为了观察人均进出口贸易与国家公共治理水平之间的相关性，本书从世界贸易组织网站和世界银行《全球治理指标报告》(2009) 获取了世界上大部分国家 1996—2008 年的贸易数据与治理指标①，并按照人均进出口值从大到小将这些国家进行排序。

一共有 123 个国家，这些国家 2008 年 WGI 数据完备，来自《全球治理指标报告》(2009)。进出口贸易数据（美元）与各国人口数据来自 IMF 统计数据。

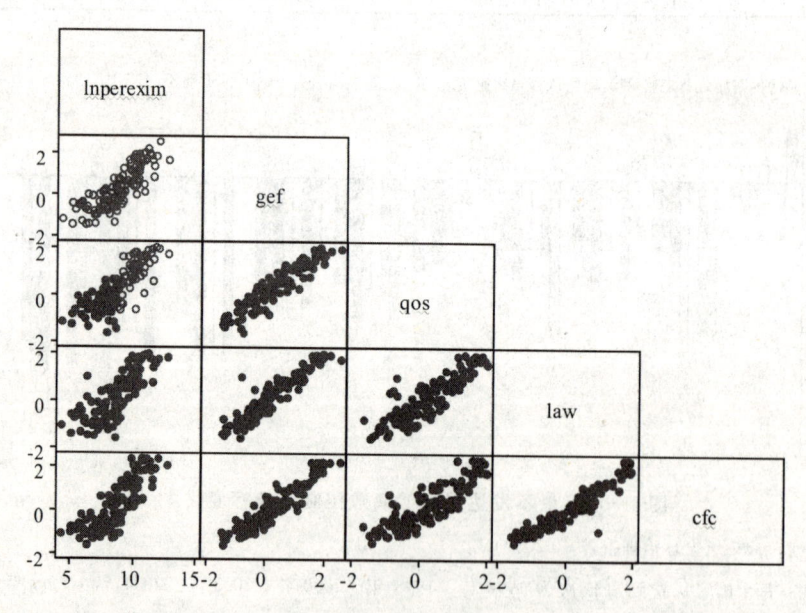

图 4—11 2008 年世界 123 个国家人均进出口额对数值与 WGI 四项指标相关性散点图

---

① 本书考察了这些国家时间序列贸易与公共治理之间的相关性，由于一些国家贸易数据尤其是商业服务数据不全，还有些国家公共治理数据不全，这些国家往往都是经济规模非常小的国家，不具有代表性，因此，本书的样本仅包括那些数据全的国家，共 123 个。

使用 Stata 10 软件，对人均进出口贸易值和公共治理指标做散点矩阵图（如图 4—11 所示），可以看出，人均进出口贸易值的对数值与四项公共治理指标均呈明显的正相关关系，同时，公共治理指标之间亦呈现出较强的正相关关系。

为了更清晰地考察每项 WGI 指标与人均进出口值之间的相关程度，可以利用样本中 123 个国家 1996—2008 年四项公共治理指标和同期各国对外贸易值计算出每项 WGI 指标与人均进出口值之间的相关系数（如表 4—14 所示）。

表 4—14　　　　公共治理情况与对外贸易规模相关系数

治理指标	相关系数
（a）政府效率	0.831
（b）监管质量	0.796
（c）法治	0.795
（d）腐败控制	0.789

很明显，123 个样本国家的四项制度指标与对外贸易规模之间存在着正向相关性，趋势比较明显，公共治理水平越高的国家往往对应着更高的人均进出口值。而且相关系数都在 0.8 左右，说明相关性是比较突出的。这意味着一国在政府效率、监管、法治以及腐败控制方面做得越好，对外贸易就越活跃。

（二）回归分析

为了定量考察制度发展水平对国际贸易的影响程度，本节以人均进出口贸易为因变量，以公共治理指标为自变量进行回归分析。此外，根据所掌握的 2008 年数据，将 123 个国家按照制度发展水平分为三组，分别进行回归，考察不同公共治理发展水平条件下，制度对贸易的影响是否存在差异。

1. 建立模型

影响一国国际贸易的因素很多，在本节的模型中，因变量采用人均进出口值，考虑到上节图 4—11 所显示的人均进出口值与公共治理指标之间的线性关系，构建模型如下：

$$\ln PerIT = \alpha + \beta_1 GEF + \beta_2 QOS + \beta_3 LAW + \beta_4 CFC + \mu \qquad (4—1)$$

其中，$\ln PerIT$，GEF，QOS，LAW，CFC 分别代表人均进出口值的对数、政府效率、监管质量、法治和腐败控制，μ 是误差项，$\alpha, \beta_1, \beta_2, \beta_3, \beta_4$ 分别代表各对应自变量系数。

表 4—15　　　　　　　　123 个国家多元线性回归结果

variables	(1)	(2)	(3)	(4)	(5)	(6)	(7)
GEF	0.9779 *** (0.3686)		1.2576 *** (0.2911)	1.0184 *** (0.3543)	1.0184 *** (0.3329)		
QOS	0.3187 (0.2585)	0.7409 *** (0.2088)		0.3344 (0.2548)	0.3088 (0.2547)	0.7895 *** (0.2072)	0.8364 *** (0.1911)
LAW	0.1301 (0.3139)	0.3505 (0.3104)	0.1872 (0.3112)		0.1785 (0.2539)	0.7160 *** (0.1895)	
CFC	0.0778 (0.2987)	0.4120 (0.2776)	0.0235 (0.2961)	0.1504 (0.2417)			0.6609 *** (0.1689)
_cons	8.3060 *** (0.0901)	8.3261 *** (0.0921)	8.3223 *** (0.0893)	8.3001 *** (0.0891)	8.3058 *** (0.0898)	8.3312 *** (0.0925)	8.3143 *** (0.0916)
F	67.59	83.53	89.22	90.69	90.81	122.96	124.37
P	0.0000	0.0000	0.0000	0.0000	0.0000	0.0000	0.0000
R-squared	0.6962	0.6780	0.6922	0.6957	0.6960	0.6721	0.6746
Adj R-squared	0.6859	0.6699	0.6845	0.6880	0.6883	0.6666	0.6692
vif	GEF LAW CFC	LAW CFC	GEF LAW CFC	GEF	GEF	— — —	— — —
Swilk Prob > z						0.13498	0.38997
Linktest						0.782 0.352	0.098 0.772
Hettest Prob > chi2							0.0003

注：括号内为系数估计值的标准误。***、**、* 分别表示系数在 1%、5% 和 10% 的置信水平上统计显著。vif 行给出了各模型中未能通过共线性检验的自变量。Swilk 行给出了残差正态分布检验结果。Linktest 行给出了模型设定检验结果，两数值分别为预测变量_hat 和预测平方变量_hatsq。Hettest 行给出异方差检验结果。

通过图 4—11 还可以看到，由于四项公共治理指标之间可能存在共线性，因此在模型回归过程中，本书对模型变量进行了不断修正，见表 4—15 所示从模型（1）到模型（7）的调整过程。

模型（1）到模型（5）表明自变量之间存在着明显的共线性，模型（6）和模型（7）解决了这一问题。为了进一步保证 t 检验和 F 检验的有效性，利用 Shapiro-wilk W 检验对于模型（6）和模型（7）的残差进行正态分布检验，结果表明，两模型残差都经过了置信度为 95% 的正态分布检验。在模型设定检验中，模型（6）没有经过自变量显著性检验，模型（7）通过。对模型（7），本书基于 Breusch-Pagan 检验来检验模型残差的异方差性，结果认为，残差具有异方差性。

2. 以 123 个国家为样本的模型运行结果

基于以上分析，本书采用模型（7）对人均进出口值与公共治理指标之间的关系进行拟合，由于模型残差存在着异方差性，对模型的回归采用 Stata 10 中的健壮回归法排除这些干扰，结果如表 4—16 所示。

表 4—16　　　　　对模型（7）进行健壮回归的运行结果

lnperexim	Coef.	Std. err.	t	P>|t|	[95% Conf. Interval]
QOS	0.8364	0.1996	4.19	0.0000	[0.4411, 1.2316]
CFC	0.6609	0.1515	4.36	0.0000	[0.3609, 0.9609]
_cons	8.3143	0.1057	78.68	0.0000	[8.1051, 8.5236]

注：F(2, 120) = 117.86, Prob > F = 0.0000, R-squared = 0.6746。

根据表 4—16 的结果可以得到以下模型：

$$\ln PerIT = 8.3143 + 0.8364 QOS + 0.6609 CFC \tag{4—2}$$

以上统计结果表明，政府公共治理水平对一国进出口贸易值有显著影响，尤其体现在监管质量和腐败控制方面。监管质量指标每提高 1 个百分点，可使人均进出口值提高 0.8399 个百分点；腐败控制状况每提高 1 个百分点，可使人均进出口值提高 0.6631 个百分点。为了提高人均对外贸易水平，政府应该加强监管，整顿市场秩序并控制腐败行为，对私有产权给予有效保护，减少征用和没收等掠夺行为，提高经济行为人的积极性，提高生产效率和国际竞争力。

3. 分组模型运行结果与结论

（1）分组情况

按照一国平均公共治理指标水平将 123 个国家进行排序，分为三组：第一组包括 41 个国家，平均公共治理指标在 0.707—2.5 之间；第二组包括 40 个国家，平均公共治理指标在 -0.307—0.635 之间；第三组包括 42 个国家，平均公共治理指标在 -0.322— -1.43 之间。

（2）运行结果

对三组数据重复表 4—15 中的调整过程，得出有效运行结果如表 4—17 所示。

表 4—17　　　　　　　　　　分组运行结果

variables	第一组	第二组	第三组
GEF			1.5213 *** (0.4963)
QOS	0.8569 ** (0.3460)	0.9027 ** (0.3460)	
LAW			-0.5009 * (0.2666)
CFC	0.3178 * (0.1869)	0.8478 ** (0.3191)	
_cons	8.8032 *** (0.3741)	8.3792 *** (0.1839)	7.8511 *** (0.4202)
F	9.89	6.81	5.42
P	0.0003	0.0030	0.0084
R-squared	0.3611	0.2856	0.1527
Obs	41	40	42

注：括号内为系数估计值的标准误。*** 、** 、* 分别表示系数在 1%、5% 和 10% 的置信水平上统计显著。

根据表 4—17 的运行结果可以分别写出三组模型：

$$\ln PerIT1 = 8.8032 + 0.8569 QOS + 0.3178 CFC \quad (4-3)$$

$$\ln PerIT2 = 8.3792 + 0.9027 QOS + 0.8478 CFC \quad (4-4)$$

$$\ln PerIT3 = 7.8511 + 1.5213 GEF - 0.5009 LAW \quad (4-5)$$

运行结果表明,制度较优越的国家监管质量和腐败控制对人均进出口有着显著的影响。第一组国家公共治理水平普遍较高,监管质量每高出1个百分点,拉动人均进出口值增加1.3558个百分点,比整体回归的情况高出0.5219个百分点,效果十分显著;腐败控制每增加1个百分点,拉动人均进出口值提高0.3741个百分点,低于整体回归0.2890个百分点,效果较弱一些。第二组国家公共治理水平居中,监管质量和腐败控制每高出1个百分点,分别拉动人均进出口值增加1.46和1.33个百分点,均高出整体回归的情况,表明这些国家监管质量和腐败控制状况对对外贸易的影响更为显著。第三组国家制度水平整体较低,对进出口有显著影响的制度因素集中体现在政府效率和法治建设方面。由公式(4—5)可以看出,政府效率对人均进出口有着正向的促进作用,政府效率每提高1个百分点,将拉动人均进出口值增加3.57个百分点,而法治却呈现出负效应,法治指标每提高1个百分点,人均进出口值降低0.65个百分点。第三组国家整体政府效率低下,法制不健全,市场监管不力,大部分进出口贸易处于混乱无序的状态下,主要依赖低廉的价格或黑市获取市场份额,法治的提高和法律环境的改善,会在一定程度上遏制非法交易,规范市场。

四 小结

一国进出口受诸多因素的影响,其中,制度安排的优劣起着重要的作用。通过对世界上123个国家政府效率、监管、法治以及腐败控制四项制度指标以及对外贸易量之间相关性大小的测算,证实制度与对外贸易之间存在着较明显的正向相关性。

但对于制度发展水平存在差异的国家来说,制度对于对外贸易的影响又存在明显的差别。发达国家优越的产权制度和合约实施制度决定着发达国家较高的技术和管理水平以及较完善的合约实施保障,对经济活动能够实施更为有效的监管,使发达国家的进出口明显高于欠发达国家。这在一定程度上可以解释第二次世界大战之后发达国家与发达国家之间的贸易普遍高于发达国家与欠发达国家之间的贸易,以及欠发达国家与欠发达国家贸易的现象。更进一步讲,工业制成品往往加工环节多、对技术要求高,与初级产品相比,属于技术密集型产品,因而对制度的要求更高,发达国家往往在工业制成品的生产上具有比较优势。因此,在发达国家与欠发达国家之间产业间贸易上，发达国家往往是工业制成品的出口者。从这些角度看，制度相对优越的国家会更多地从工业制成品的交易中获益。

制度发展水平较低的国家在对外贸易方面存在着较多的制度障碍，其中，政府效率成为关键。政府效率指标体现了公共服务供给的质量、政府为民服务的能力，还体现了政策制定的质量以及政府承诺的可信程度，因此是一国治理质量的决定性因素。金融部门是为国内经济增长提供动力的核心部门，如果对这个部门放松管制，或者让这个部门私有化、自由化，那么，即使有更有效的监控、银行监管和审计，都远远不能保证金融部门的稳定。因此，这些国家发展对外贸易的关键是从根本上优化本国制度环境，提高政府工作效率、抵制腐败、提高监管质量，实施真正的法律保障。此外，制度较弱的国家在国际贸易中获益较少，在很大程度上是因为进出口贸易并不是真正建立在比较优势基础之上的，缺乏广泛有效的监管和法律约束。因此，这些国家法律制度的完善和监管的有效进行反而会遏制对外贸易量，法治指标与对外贸易呈负相关的结果也表明了这一点。

在当今经济全球化时代，要想充分利用国内国际资源和国内外市场，获取分工交换的利益，应该不断完善和优化本国制度环境，优化资源配置，为社会提供正向激励，促进技术进步，提高生产效率，为积极参与国际贸易提供制度保证。

第五章　转轨国家制度变迁与国际贸易

由上一章的分析可以看到，优越的制度安排有利于一国参与国际贸易并获取贸易利益，促进本国经济增长。20世纪五六十年代，西方各国奉行凯恩斯主义，对经济生活实行广泛的干预，导致历史上少有的经济高速增长。然而，根据诺斯的观点，增长也是不稳定的根源，特别是这种增长会导致一系列经济社会问题的出现。当20世纪七八十年代西方经济普遍陷入"滞胀"的时候，凯恩斯主义对此无能为力，因而一些非主流经济学理论应运而生，如货币主义、供给学派和理性预期学派和新制度学派等。诺斯的制度变迁理论就是在凯恩斯主义以及其他非主流经济学派的政策药方相继失灵后出现的，它反映了西方世界的制度矛盾和普遍的变革心理。对于经济发展水平落后的发展中国家来讲，对高效制度的追求更为强烈，这是制度变迁理论在西方兴起乃至快速风靡全世界的根本原因。

进入21世纪，减少贫困已成为许多国家机构或超国家机构间合作发展的重中之重。1990—2005年，世界人口绝对贫困比例虽然在东亚和东南亚锐减，但在撒哈拉以南的非洲地区却攀升至52%，在拉丁美洲和加勒比海地区甚至高达161%。[①] 这更引发了各国或经济体对制度变迁的广泛需求，一方面，在激励结构、偏好、信息成本以及技术条件等发生变化的情况下，经济主体期望以打破原有制度均衡、建立新制度的方式获取更多的潜在收益；另一方面，由于竞争压力的存在，在停滞经济中的政治企业家被迫效仿那些更为成功的政策，废除无效制度（例如，全球范围内计划经济体制向市场经济体制的转型）。

---

① Jan Priewe & Hansjorg Herr：《发展与减贫经济学：超越华盛顿共识的战略》，刘攀译，西南财经大学出版社2006年版，第1页。

一 主要转轨国家制度变迁的背景

(一) 计划经济体制及其特点

19世纪40年代,马克思和恩格斯研究了资本主义生产方式,在18世纪三大空想社会主义者的思想成果上,创立了科学社会主义学说。科学社会主义的诞生以1848年《共产党宣言》的发表为标志。马克思所阐述的社会主义经济制度具有以下特征:在经济结构方面实行纯粹单一的全社会所有制(即100%公有制);商品经济消亡,一切劳动产品成为社会统一分配的对象;在经济运行形式方面由一个社会中心用统一的国民经济计划来配置社会资源,组织整个社会的生产、分配和消费(即100%计划经济)。

计划经济,或计划经济体制,是对生产、资源分配以及产品消费事先进行计划的经济体制,被当作社会主义经济制度的本质特征,是传统社会主义经济理论的一个基本原理。这种观点的逻辑推理是:社会化大生产把国民经济各部门连接成为一个有机的整体,因而客观上要求它们之间保持一定的比例关系。这些比例关系需要一个权威机构来统一提前制定和把握。社会资源的大部分由政府所拥有,并且由政府下达指令和进行分配,因此,社会的三大基本经济问题,即生产什么、怎样生产和为谁生产,都由政府决定,而不受市场影响。由于几乎所有计划经济体制都依赖于指令性计划,因此"计划经济"也被称为"指令性经济"。

中央计划经济体制的重要特点之一就是在经济上实行全面集中的指令性计划。其特点主要表现在:

其一,经济资源公有,资源配置行政化。社会的一切经济人力资源由国家所有,个人不拥有生产资料。生产资料由政府官员统一进行配置,经济活动中所涉及的一切活动都由政府通过行政手段进行安排,而不是市场。比如,劳动者到什么地方工作、应该怎样工作、学习什么、怎样学习、为谁生产、生产什么、生产多少、怎样生产等活动,都要听从行政安排。

其二,消灭货币、商品关系和市场交换关系,生产资料价格以及商品价格由政府确定,不反映任何市场供求关系。所有的经济计算都以非货币结算方式进行,劳动者的工资以"劳动券"、"工分制"等手段来计算和发放，一切产品的分配取决于政府的计划安排，贸易是不存在的。社会的生产资料和消费资料也通过政府的配给和调拨进行分配。

其三，整个国家主要由一个高层机构（例如中央计划委员会）制定具体的命令或指令来调节经济行为，这些命令或指令通过具有法律效力的计划文件层层下达给下属单位，并由上级和计划机构采取措施来指导或督促下级贯彻执行。

中央计划经济体制最早是20世纪初在苏联建立起来的，第二次世界大战后逐渐在匈牙利、南斯拉夫、波兰、捷克等东欧国家推广，许多第三世界原殖民地国家在民族独立运动后也采纳了这种经济体制。列宁在领导十月革命取得胜利后，建立了第一个布尔什维克政权——苏联，推行新经济政策。苏联内部实行统一的经济政策，经济体制采用了高度的全民所有制和高度集中的计划经济，长期优先发展重工业特别是国防工业，依靠高能耗、高原材料消耗、高人力投入、实行粗放型发展，在苏联建国初期取得了一定的成效。通过生产资料国有化、社会主义工业化和农业集体化，到1937年，基本上确立了单一的社会主义所有制结构，生产资料公有制成为社会主义制度的基础。1978年，社会主义经济在所列指标中的比重都达到了100%。表5—1给出了苏联时期社会主义经济的比重变化情况。

表5—1　　　　　　　　苏联时期社会主义经济的比重　　　　　　　　（%）

年份	1924	1928	1937	1978
在全国固定生产基金中	35.0	35.1	99.0	100
在国民收入中	35.0	44.0	99.1	100
在工业总产值中	76.3	82.4	99.8	100
在农业总产值中	1.5	3.3	98.5	100
在商业企业零售商品流转额中	47.3	76.4	100.0	100

资料来源：陆南泉等：《苏联国民经济七十年》，机械工业出版社1988年版，第28页。

这种指令性中央计划曾经在一些国家的工业化过程中起到了重要作用。东欧国家经济学界普遍认为，第二次世界大战后初期这些国家实行这种经济体制具有必要性和重要性。这种经济体制的优点主要体现在：

第一，不像市场经济那样严重消耗自然资源，是一种环保经济。

第二，能够合理调节收入分配，所有人都有工作，兼顾效率与公平，贫富差距不像市场经济那样严重，身份等级差别也较小，保证了经济和社会的协调发展。

第三，推行计划经济体制的国家能够在全社会范围内集中必要的人力、物力、财力进行重点建设，可以为社会主义的经济建设创造必要的物质基础，动员当时一切资金并有计划地使用它们，确保社会主义扩大再生产的进行。

第四，对经济进行预测和规划，制定国民经济发展战略，在宏观上优化资源配置，对国民经济重大结构进行调整和生产力的合理布局。这对经济落后国家实行赶超战略，尽快建立较完整的工业体系，集中有限资源进行工业化建设，提高社会生产能力，实现现代化是必要的。这也是战后新独立的国家在面临发展经济的问题时，都不约而同地引入计划经济手段、制定不同的经济发展计划的原因。

（二）计划经济体制的弊端

经济发展的关键是寻找一种合适的经济体制，使稀缺资源得到最有效的运用。随着经济发展水平和国际市场环境的变化，中央计划经济体制废除了私有制，建立了单一的国家所有制，采用行政权力协调的方式配置资源，难以解决信息机制和激励机制问题[1]，越来越不适应经济发展的内在需要，也越来越表现出资源配置的低效率，形成了不利于资源配置的无效率的产权制度安排，在社会经济发展中呈现出越来越明显的弊端。"生产资料的公有制和严格计划经济的最大缺陷是对劳动者生产积极性的挫伤和经济计划的失灵"[2]，主要体现在：

第一，激励不足。从激励机制上看，因为国有经济的产权在表面上归以国家为代表的全民所有，但是在运作过程中，全民财产与个人行为脱节，实际上造成了产权虚位或者"所有者缺位"，因而不能合理地调节经济主体之间的经济利益关系，容易造成动力不足、效率低下、缺乏活力等现象；在单一公有制和单一计划经济基础上形成的高度集中的管理体制，建立了一整套严密的、自上而下的、垂直的集中计划机制，确实对企业管

---

[1] 这种观点是 20 世纪 70 年代以来首次由美国经济学家利奥·赫维兹所创立的经济机制设计理论提出的，该理论涉及信息问题和激励问题。

[2] 林双林、李建民：《中国与俄罗斯经济改革比较》，中国社会科学出版社 2007 年版，第 2 页。

得过多、统得过死。它严重压制了企业和职工的生产积极性，极大地束缚着生产力的发展。由国家选定的代理人在行使经营管理权的过程中，往往比较关注个人的政治利益或者形成了小利益集团，他们往往缺乏动力和激励去提高资产增值或企业经营效率，从而造成了计划经济体制下大量的产权不清、激励不足和外部性问题；片面强调通过政治动员、政治冲动来使广大劳动者具备无私奉献的精神，否定对个人物质利益的追求是劳动者从事经济活动的根本动因，以致严重束缚了企业职工的生产积极性，不利于职工劳动生产率的提高，阻碍了社会生产力的发展。

人们会对激励做出反应。当社会中的激励因素促使人们以掠夺方式从其他集团攫取财富而不是通过生产或互利的行为获取财富的时候，社会经济发展则会陷入低谷。[1] 正如奥尔森所言："在霍布斯的无政府状态中，没有任何措施限制人们去掠夺别人，或者在盗贼统治的世界中，那些权倾一世的人攫取了大部分的资产，这样，社会生产和收益并不是通过专业化和贸易的社会合作途径完成的。"[2]

第二，从资源配置机制看，计划经济体制否定市场机制在资源配置中的有效性，否定合理的价格信号对资源配置的指导意义，计划容易脱离实际，对微观经济活动与复杂多变的社会需求之间的矛盾难以发挥有效的调节作用，产生了生产与需求之间的相互脱节，造成不必要的巨大浪费等。

实施这种体制的国家长期坚持片面优先发展重工业的方针，造成农、轻、重之间的比例严重失调，经济结构不合理，片面强调发展重工业，忽视了农业和轻工业的发展，造成工农业之间、轻重工业之间的比例失调。消费品供应持续紧缺，整个经济难以进入良性循环。由于对外经济管理权过于集中，出口商品所获外汇由国家集中使用，亏损由国家财政补贴，企业不会受到国际市场的直接压力，影响到本国产品在国际市场上的竞争力，不利于企业家的创新活动。[3] 此外，国民经济计划制定中存在着讨价还价的现象，使得有的企业仅靠分配的资金、设备与原料完不成计划任务，而另一些企业则可以轻而易举地完成计划，从而使资源得不到合理配置、有效使用，突出表现为一些产品供不应求，另一些产品却严重滞销，

---

[1] 周其仁：《产权与制度变迁》，社会科学文献出版社 2002 年版，第 136 页。
[2] ［美］曼瑟·奥尔森：《权力与繁荣》，上海人民出版社 2005 年版，第 1 页。
[3] 胡震等：《过渡经济学》，湖北人民出版社 2002 年版，第 18 页。

短缺与库存同步增长。

(三) 经济增长与发展乏力、结构失衡

其一,经济粗放型增长,运行效率低下,导致20世纪80年代以后经济增长乏力。在国有经济占绝对统治地位的所有制结构里,国有企业生产高度集中,形成了对市场的绝对垄断,排斥了市场竞争因素。在物质统筹统配、财务统收统支、盈亏事不关己的制度反激励条件下,企业经营缺乏动力和效率,粗放型经营、资源投入型增长、强制性计划、计划失误等导致了经济运行上的低效率,突出表现在战后计划经济国家始终保持着较高的投资增长率和较低的消费增长率上①,形成低效经济和耗费经济。20世纪50—70年代,苏联、东欧国家出现了经济的高速增长。由表5—2可以很清楚地看到这些国家的年均经济增长率。

表 5—2　　　　　苏联、东欧各国年均经济增长率　　　　　(%)

	50年代	60年代	70年代	1980—1987年	1988年	1989年	1990年
苏联	8.9	8.4	5.0	3.4	4.1	2.4	-4.7
保加利亚	11.2	7.8	6.9	4.5	6.0	-4.0	-10.0
捷克斯洛伐克	7.6	4.5	4.6	2.0	2.5	1.7	-3.1
匈牙利	7.3	5.5	4.6	1.3	0.5	1.2	-3.0
波兰	7.6	6.1	5.5	1.3	4.0	0.0	-13.0
民主德国	10.1	4.4	4.7	4.2	3.0	2.0	…
罗马尼亚	10.4	8.4	9.2	5.2	2.8	-9.0	-10.0

资料来源:胡震等:《过渡经济学》,湖北人民出版社2002年版,第125页。

然而,这种苏联型经济的高速增长是通过大量增加投入来维持的。据苏联经济学家的计算,1961—1984年,苏联各种生产要素的综合生产率除了柯西金时期曾达到3.2%的较好成绩之外,一直徘徊在1.1%—1.3%之间。东欧国家各种生产要素的综合生产率也令人失望,表现不佳(见表5—3所示)。这些国家在计划经济体制建立之初,国民收入年均增长

---

① 据美国经济学家格雷戈里与斯图尔特收集的资料统计,苏联、捷克斯洛伐克、匈牙利、波兰、民主德国1950—1980年年均投资增长率为6.4%,国民生产总值增长率为4.4%,消费增长率为3.6%,消费增长率与投资增长率的比例为0.56,而主要市场经济国家同一比例为0.84。

率基本维持在 4% 左右，但 1975 年后开始大幅下降，而全要素生产率一直较低，也呈下滑趋势。

表 5—3　　东欧国家 1961—1984 年国民收入与各种生产要素综合生产率的年均增长率

国家	指标	1961—1970	1971—1975	1975—1980	1981—1984
捷克斯洛伐克	国民收入	4.4	5.7	3.6	1.5
	TFP	1.1	1.5	0.6	0.0
匈牙利	国民收入	5.4	6.2	2.8	2.1
	TFP	1.4	1.6	0.4	0.3
民主德国	国民收入	4.4	5.4	4.1	4.3
	TFP	1.1	1.3	0.7	1.0

资料来源：Martin Myant，*The Czechoslovak Economy* 1948-1988：*The Battle for Economic Reform*（Cambridge University Press，1989），p. 223.

表 5—4　　苏联、东欧 20 世纪 80 年代的外延增长（年均百分比变化）

国　家	劳动生产率 1981—1985	劳动生产率 1986—1989	资本生产率 1981—1985	资本生产率 1986—1989
保加利亚	3.5	4.0	-2.9	-2.2
捷克斯洛伐克	1.1	2.1	-3.6	-2.1
东德	4.3	3.5	0.2	-1.3
匈牙利	2.1	2.9a	-2.2	-0.8b
波兰	-0.1	4.5	-3.4	-1.2
罗马尼亚	4.2	4.5a	-4.2	-1.2b
苏联	2.7	3.3	-3.1	-2.3

资料来源：M. Knell and C. Rider，*Socialist Economies in Transition*：*Appraisls of the Market Mechanism*（Edward Elgar Publishing Limited，1992），p. 18.

注：a：1986—1988；b：1986—1987。

尤其是进入 20 世纪 80 年代，苏联东欧国家的资本生产率为负值（见表 5—4 所示）。苏联与东欧国家每生产一件产品所消耗的能源是实行市场经济的西欧国家的两到三倍，这表明了中央计划经济的低效率。苏联相对于产出投入的密集性（劳动力、原料、资本）不仅高于工业化国家，而且也高于处在同等发展水平的国家。中央计划经济也不能保持持续的经济增长，苏联东欧经济自20世纪80年代以来增长缓慢，逐渐走向停滞（见表5—2），大部分国家在1990年经济出现负增长，波兰（-13%）、保加利亚（-10%）和罗马尼亚（-10%）等下降尤为明显。

其二，经济的不平衡增长造成了经济结构的严重失衡，消费品严重短缺，商品匮乏。苏联东欧国家实行的计划经济是高度集中的中央计划经济，这种经济结构失衡和商品短缺是中央计划经济国家的共有现象。苏联为了与美国抗衡，让整个国民经济服从军事需要，并且把经济分工与合作的范围延伸到"经互会"组织的所有国家。为了维持工业增长所需的高投资率，不得不提高积累率，积累率在苏联、东欧一般为25%左右，而这是以牺牲消费为代价的，经济结构畸形发展。工业过度发展，农业发展滞后；重工业过度发展，轻工业发展不足；生产发展较快，基础设施不足；忽视住房建设。过度发展的部门产生了大量库存，而发展不足的部门则造成了严重的短缺，其结果是消费品短缺，商品货架空空，居民排长队购买商品成为日常生活的一部分[1]（见表5—5所示）。

表5—5　　　　　苏联、东欧积累与消费的比例　　　　　　　　（%）

		1960	1965	1970	1975	1980	1985
保加利亚	消费	72.5	71.7	69.2	67.2	74.8	75.7
	积累	27.5	28.3	30.8	32.8	25.2	24.3
捷克斯洛伐克	消费	82.4	90.9	73.1	71.4	74.0	82.9
	积累	17.6	9.1	26.9	28.6	26.0	17.1
民主德国	消费	80.8	78.8	74.4	76.6	77.3	82.9
	积累	19.2	21.2	25.6	23.4	22.7	17.1
匈牙利	消费	-	-	73.2	69.8	78.5	90.1
	积累	-	-	26.8	30.0	21.5	9.9
波兰	消费	76.0	74.1	74.9	65.8	81.0	74.0
	积累	24.0	25.9	25.1	34.2	19.0	26.0
苏联	消费	73.2	73.6	70.5	73.4	76.1	73.5
	积累	26.8	26.4	29.5	26.6	23.9	26.5

资料来源：P. H. Dembinski, *The Logic of the Planned Economy: The Seeds of Collapse* (Clarendon Press, Oxford, 1991), p.157.

---

[1] 孔田平：《中央计划经济及其对于经济转轨的政策含义》，《东欧中亚研究》1996年第4期。

其三，中央计划经济国家与市场经济国家的差距愈来愈大。从人均国民生产总值看，1937 年，捷克斯洛伐克与奥地利、匈牙利与意大利、波兰与西班牙，南斯拉夫与希腊相差不大，到了 1980 年，差距则大大扩大了（如表 5—6 所示）。

表 5—6　　　　　　　东西欧人均国民生产总值的比较

	1937	1960	1970	1980
东德/西德	100	70	71	64
捷克/奥地利	90	91	78	70
匈牙利/意大利	89	86	70	74
波兰/西班牙	105	125	88	77
罗马尼亚/西班牙	85	85	58	60
南斯拉夫/希腊	87	97	83	81

资料来源：M. G. Roskin, *The Rebirth of East Europe*（Prentice-Hall, Inc. 1991），p. 111.

根据美国中央情报局的估计，1960 年，苏联的人均国民生产总值为 3532 美元，而美国、日本分别为 8799 美元和 2508 美元；到了 1985 年，苏联人均国民生产总值增长到 6863 美元，美国、日本则分别为 15511 美元与 11864 美元。捷克斯洛伐克战前属于 10 个工业最发达的国家之一，人均国民生产总值居世界第 6 位，而到了 1988 年，人均国民生产总值已降至世界第 40 位。中央计划经济国家与市场经济国家在劳动生产率上的差距也在扩大，国际货币基金组织 1990 年公布的《世界经济展望》承认，1975 年，苏联、匈牙利和波兰非服务业部门的劳动生产率仅为联邦德国的 49%。苏联东欧经济的国际竞争力不断下降，苏联在出口工业品方面已从 1973 年的世界第 11 位降至 1985 年的第 15 位，而同期中国台湾、韩国、中国香港、瑞士则后来居上，超过了苏联。20 世纪 80 年代中期，只有 200 多万人口的新加坡向西方出口的机械比整个东欧还多 20%。东欧向发达的市场经济国家的出口呈下降趋势。根据西方专家的估计，东欧的科技水平落后西方发达国家 15 年，落后亚洲新型工业化国家与地区 10 年。

总之，中央计划经济国家尽管在经济建设上取得了巨大的成就，但从总体上看中央计划经济实绩不佳，这一体制不是一个运作良好的有效的经济体制。因此，从历史发展角度看，苏联、东欧国家实行这种经济体制在当时发挥了重要的积极作用，但在长期的和平环境中却不能够推动经济稳定、和谐和有效的增长。"经济转轨国家群体的形成及其正在经历的探索，已经使转轨经济成为一个独特的研究对象。经济转轨群体既有基础条件、目标取向等方面的共性，又有路径选择、实施方式、政府应变能力以及国际社会干预等多方面的特殊性。不管各自存在何种差异以及差异大小如何，其目的都是为了使本国经济与更高效率的运行机制相结合，使整个社会处于协调发展的环境中；其在转轨过程中的每一步政策选择与实施，都必然会受到这种目标的检验和评价。"[1]

二 转轨国家制度变迁与经济绩效

（一）转轨的含义及转轨国家的界定

对于转轨的界定，不同经济学家有着不同的观点。剧锦文系统总结了国外研究者针对转轨相关概念含义的基本看法以及他们在该研究领域对政策实践方面的不同主张；吕炜把有代表性和有影响力的文献进行了归纳和比较，对"转轨"、"转型"、"改革"三词的界定进行了总结。在表5—7中，我们可以清晰地看到转轨、转型、改革等概念各自不同的内涵和外延。

可以看到，主要有三种倾向：其一，将转轨、转型和改革等概念统一起来：三者指称的是同一研究对象，至少在中国范围内谈论时，其含义基本一致[2]；其二，将改革和转轨的概念截然分开：经济改革仅仅是大规模宪政转轨的一小部分，转轨不是创造一个本质上不同于资本主义的制度创新过程，而恰恰是后社会主义国家的制度与全球资本主义制度及WTO规则趋同的过程[3]；其三，将改革（即市场化）以及发展（即工业化）分别作为一种转型提出：从计划经济向社会主义市场经济过渡以及市场经济

---

[1] 吕炜：《转轨的时间模式与理论范式》，经济科学出版社2006年版，第11页。
[2] 代表著作有吴敬琏的《改革，我们正在过大关》（三联书店2001年版）、《转轨中国》（四川人民出版社2002年版）、《当代中国经济改革》（上海远东出版社2004年版）以及热若尔·罗兰的《转型与经济学》（中译本，北京大学出版社2000年版）等。
[3] 代表著作是《经济改革与宪政转轨》（萨克斯、胡永泰、杨小凯合著，燕南，http://www.yannan.cn）。

表 5—7　　　　　　　关于转轨经济研究的初步划分

项目	分类	观点与主张
概念与定义	转轨	指传统模式完全被另一个不同性质的模式所取代的社会经济性质发生变化的过程。其显著特点不仅在于大规模的市场化，而且在于压倒一切的私有化、自由民主和全面的世界经济一体化
	改革	被认为保持了传统模式的某些关键因素，如国家所有制、行政命令、寡头组织体制和集权式的世界市场体系，是在不改变传统模式的前提下，对其体制的不适当之处进行的改动
	转型	被看作是一个相对短期转变的概念，更侧重于经济体制或制度的迅速转变
经济转轨的学派主张	学派1：建设主义者	希望迅速建立资本主义并且有一个清楚的资本主义模式，包括私有产权和自由市场；在实现这一计划的过程中出现的问题，被认为是导致每个人都受益的健康发展过程的暂时阵痛
	学派2：悲观主义者	悲观主义者批评以企图急速实现乌托邦的态度来对待新的形势的做法；强调长远的、无形的社会转变的时间性，并指出应考虑不同国家的具体情况和政策产生的不确定效应；那种计划在500天内引入资本主义的做法近乎荒唐；更倾向于社会政治经济转型的长期性和复杂性
经济转轨时期三大问题	经济稳定	主要指货币和宏观经济的稳定，包括预算的平衡、建立稳定的货币、消除短缺和阻止生活水平的剧烈下降
	制度改变	主要指通过改变经济制度以实现消除旧的传统计划模式和引入混合经济模式的目的
	结构转变	意在降低经济中的过度污染和军事、航天工业以及相关工业的重要性，扩大向市场经济国家出口和服务业在国民收入中的份额，增加有效率的制造业和降低垄断及实行分散化生产等

资料来源：吕炜：《转轨的时间模式与理论范式》，经济科学出版社2006年版，第7页。

新秩序的完成都要由改革来完成。[①] 在本书中，我们主要探讨产权制度和合约实施制度对国际贸易的影响，主要涉及国际商品和劳务的交易问题，因此，我们将研究的重点放在经济转轨方面，不管是完全废除旧制度建立

[①] 代表著作是《转型经济条件下的市场秩序研究》（纪宝成主编，中国人民大学出版社2003年版）。

新制度，还是在原有宪政制度下进行的小步改革，这些制度的变化都会对一国对外贸易的发展产生影响。因此，在我们的研究中，对改革和转轨没有做出严格区分的必要，我们把这些改变统称为转轨。

具体来讲，本书所涉及的转轨国家主要是指苏联解体后独立的各国、中东欧原来实行中央计划经济体制的国家以及中国、越南等，分别是：阿尔巴尼亚、亚美尼亚、阿塞拜疆、白俄罗斯、保加利亚、克罗地亚、捷克共和国、爱沙尼亚、马其顿、格鲁吉亚、匈牙利、哈萨克斯坦、吉尔吉斯斯坦、拉脱维亚、立陶宛、摩尔多瓦、波兰、罗马尼亚、俄罗斯、斯洛伐克、斯洛文尼亚、塔吉克斯坦、土库曼斯坦、乌克兰、乌兹别克斯坦、中国、越南、南斯拉夫。

（二）主要转轨国家的制度变迁及其绩效

人的经济价值的提高产生了对制度的新的需求，一些政治和法律制度就是用来满足这些需求的。它们是为适应新的需求所进行的滞后调整，而这些滞后正是一些重大的社会问题的关键所在。[1] 中央计划经济体制以行政权力决定资源配置的机制不利于有效激励和资源优化配置机制的形成，因此，这种经济体制越来越不能适应这些国家经济发展的需要。20 世纪末，计划经济体制的弊端在中国、苏联和东欧等国家充分暴露出来，促使这些国家纷纷放弃了原有的计划经济体制，开始了范围较大的政治体制转轨和向市场经济体制转轨的制度变迁过程，以期寻找更适宜的制度来推动经济与社会的发展。

事实上，不少东欧国家对中央计划经济体制在激励机制和资源配置机制上的低效率早已有所认识，从 20 世纪 40 年代末 50 年代开始就在实践中不断进行改革，以谋求减少或消除这种体制所存在的弊端和问题。[2] 但实践证明，这些经济改革基本上都是在原有中央集中计划经济体制的框架下进行的一系列修整和改善，没有对计划经济体制进行彻底的改造，从而

---

[1] 舒尔茨：《制度与人的经济价值的不断提高》，R. 科斯、A. 阿尔钦、D. 诺斯：《财产权利与制度变迁》，上海三联书店 2004 年版，第 251 页。

[2] 例如，人们开始认识到仅仅依靠政治动员是不够的，还需要有某种经济手段对其进行补充。1950 年，南斯拉夫创立了企业管理的独特模式——工人自治制度，给予企业初步的自治权。还有些国家创立了奖金制度、计件工资制度等物质刺激手段。一些国家认识到行政性分权并不能有效地克服传统中央计划体制的弊病，便大胆地提出了有条件地利用市场把计划经济和市场经济的优点结合起来的理论，如中国建设有中国特色社会主义市场经济的实践。

无法从根本上克服传统体制的主要弊端，不能解决传统体制在激励机制和资源配置机制上的局限性，导致了经济发展的低效和停滞。经济停滞甚至衰退最终导致了苏联剧变。虽然自1953年赫鲁晓夫上台后苏联就开始推行经济改革，提高劳动者生产积极性，改进生产计划，改善人民生活水平，但是生产资料公有制和中央计划经济的缺陷无法得到根本克服。1970年以后，苏联经济增长缓慢，到80年代末经济出现严重衰退，1990年，苏联国有经济成分在资产上仍占88.9%，在产出上占82.7%，在就业上占76.7%。苏联政坛发生着剧烈变化，并最终解体。私有化的真正实施，特别是大规模私有化的实际展开，是在东欧剧变和苏联解体之后，随着向市场经济过渡才在俄罗斯、东欧、中亚国家中大张旗鼓地开始的。20世纪90年代初，原中央计划经济国家广泛开始了产权私有化和市场化改革。不同国家在制度变迁中采取的方式、方法不同，路径不同，所取得的效果也不一样。

1. 产权制度变迁

自科斯以来，对于产权的研究成为制度经济学以及转轨经济学研究中的焦点问题。德姆塞茨认为："产权是一种社会工具，其重要性就在于事实上它们能帮助一个人形成他与其他人进行交易时的合理预期。"[①] 阿尔钦则将产权定义为"一个社会所强制实施的选择一种经济品的使用的权利"，他强调私有产权是"对必然发生的不相容的使用权进行选择的权利的分配"[②]。周骏宇认为，产权是一种非常重要的制度安排。一个产权的基本内容包括行动团体对资源的使用权与转让权，以及收入的享用权。在这些产权经济学家看来，产权会影响社会经济中的激励和行为，人们必须对生产资源拥有可靠的、可以让渡的私有产权，关于产品交换的合理契约必须保证能够得以实施。也就是说，产权实质上是表明了人与人之间可以设立的契约以及这些契约保证可以得到履行的关系。产权分配不合理或者产权得不到有效保护和实施，都会导致生产效率和资源配置效率低下，进而引起社会生产停滞不前。产权是用来界定人们在经济活动中如何受益、如何受损以及他们之间如何进行补偿的原则。在各种经济制度中，产权制

---

① 德姆塞茨：《关于产权的理论》，R. 科斯、A. 阿尔钦、D. 诺斯：《财产权利与制度变迁》，上海三联书店2004年版，第97页。
② 阿尔钦：《产权：一个经典注释》，R. 科斯、A. 阿尔钦、D. 诺斯：《财产权与制度变迁》，第167页。

度的相关安排直接影响经济主体的心理预期和实际经济行为。有效的产权制度有利于降低市场运行成本，建立健全的投资激励和约束机制。产权模糊，极易刺激人们对产权模糊的财产的侵占欲望，导致内部纷争，刺激人们追求眼前利益和短期利润，而无人关注企业的成长性。因此，明确产权是市场经济有效运行的制度条件。

一般来说，根据产权的归属不同可以将其划分为私有产权、共有产权和国有产权三种类型。① 从经济学意义上讲，一种产权结构是否有效率，主要看它是否能为人们提供将外部性较大地内部化的激励。在共有产权下，共同体内每一成员都有权分享共同体所具有的权利，同时也无法排斥其他人来分享自己努力的成果，导致了较大的外部性，不利于人们优化资源配置，提高生产效率的积极性。在国有产权下，权利由国家代理人行使，这些代理人理性的局限性以及追求个人政治利益最大化的倾向往往会导致资源配置效率较低，外部性也很大，不利于经济的整体良性发展。而私有产权赋予个人从收益成本核算的角度出发选择使其私有权利的现期价值最大化的行为方式，实现了许多外部性的内部化，获得了正向的激励，有利于社会资源配置优化和生产效率的提高。但私有产权的优势必须在该产权可以得到有效保护的条件下才能发挥出来。

因此，产权改革是经济制度最根本的变革，林双林、李建民等人②认为，从制度变迁的角度看，经济转轨是一次深刻的变革，包括从经济制度到社会制度的全面重构和建设。私有化被认为是构造市场经济微观基础的基本条件，在其经济转轨政策中居于核心地位。

转轨国家进行私有化的制度变迁根据其激进程度可以分为两种，即激进式制度变迁和渐进式制度变迁。

(1) 激进式产权私有化制度变迁

激进式制度变迁突出表现在转轨经济国家采取所谓的"休克疗法"进行制度改革上。"休克疗法"是由美国哈佛大学教授杰佛里·萨克斯

---

① 私有产权将资源的使用与转让以及收入的享用权界定给了一个特定的人，他对这些权利的使用不受限制；共有产权意味着在共同体内的每一成员都有权分享这些权利，它排除了国家和共同体外的成员对共同体内的任何成员行使这些权利的干扰；国有产权在理论上由国家拥有，它再按可接受的政治程序来决定谁可以使用或不能使用这些权利（见《财产权利与制度变迁》译者序，第6页）。

② 林双林、李建民：《中国与俄罗斯经济改革比较》，中国社会科学出版社2007年版，第7页。

(J. Sachs)最早提出的,起先是作为一种稳定宏观经济的"一揽子"经济政策组合,被用于对付20世纪80年代在南美洲国家出现的恶性通货膨胀和货币贬值等情况[①]。其内容是:国有企业私有化,放开价格;减少国家作用,取消国家对经济的限制;实行紧缩性货币财政政策,降低通货膨胀;实现财政平衡;经济对外开放,降低关税,实施自由贸易,鼓励出口和吸收外资。其中改革计划的核心内容是国有企业私有化。

"休克疗法"的特点是一步到位,不惜以眼前的经济衰退为代价,迅猛而大胆地跃进市场经济。正如斯蒂格利茨所言:"采取断然行动,经过很短一段噩梦般的时期,然后向后未来的繁荣。"这一方式又被称为"大爆炸"或"大推进"的方式。

苏联、东欧国家广泛采用了"休克疗法"进行激进式的经济体制转轨,进行大规模私有化,全面仿效西方资本主义经济模式。进行这一系列改革的主要原因有以下几个方面:其一,苏联、东欧国家存在着与拉丁美洲国家类似的高通货膨胀、经济发展停滞等问题。其二,"休克疗法"在玻利维亚等国所取得的巨大成功给苏联、东欧国家做出了表率,而同时阿根廷、巴西、秘鲁等国在制止通货膨胀中渐进主义的失败又给出了教训。其三,苏联、东欧国家原来进行过许多局部的以市场为取向的改革,对经济发展都没有取得显著的成效,它们急需一套全新的、卓有成效的改革思路。

在大多数东欧国家,由于其经济转型最初受到了"华盛顿共识"的影响,因而所有制改革是通过对国有资产的私有化进行的。在公开出售、无偿分配和内部购买这三种方式中,优先选择的是公开出售方式。在他们看来,外国资本是最佳选择,因为这一方面可以弥补国内资本在购买能力上的缺陷,另一方面可以引进国外的资本和技术,将企业转移至"真正"的所有者手中,而他们既有有效管理企业的知识及激励机制,又有重组企业的资金,可以尽快提高企业的经济绩效,带来税收收入,进而实现经济增长。然而外国资本是有选择性的,它们往往看好那些基础设施比较好、地理环境比较优越、发展潜力比较大、容易带来经济效益的企业,因而这

---

① 20世纪80年代,拉丁美洲国家如巴西、墨西哥、玻利维亚、智利等采用了高资本积累、高负债政策,外债较多。当时国际市场资源价格下降和发展中国家贸易条件恶化等问题所造成的资源出口换汇能力大大降低,加上拉丁美洲国家在外债规模和期限组合上安排失误,爆发了南美洲大规模大范围的债务危机。

种私有化方式使最优质的国有资本落到了外国资本的手中，而其余的国有资产则通过无偿分配和内部购买等方式分给了国内所有者。其结果是，在大多数东欧国家中，外国投资者接收东欧国家的绝大多数固定资产，如工业和银行业（见表5—8），形成了以外国资本占主导地位的所有制结构。

表5—8　　　　　工业和银行业中外国所有权比重（2000）　　　　（%）

国家	工业	银行业	银行业中公有制成分
波兰	35—40	75	20
克罗地亚	—	85	10
捷克共和国	35	65	30
爱沙尼亚	60	80	15
匈牙利	75	70	10
斯洛伐克	25	40	40
斯洛文尼亚	15	10	60

资料来源：转引自卡奇米耶日·Z. 波兹南斯基《全球化的负面影响：东欧国家的民族资本被剥夺》，佟宪国译，经济管理出版社2004年版，第74页。

1992年，俄罗斯在叶利钦上台后开始实行"休克疗法"。其主要内容有：实行紧缩的货币和财政政策，削减补贴，减少赤字，提高利率，限制需求；价格自由化，放开绝大多数商品的价格；承诺向地方特别是向加盟共和国下放权力；外贸自由化，取消对外贸的各种限制；稳定卢布，使卢布具有可兑换性；以增值税取代销售税和流转税；国有企业广泛私有化；建立社会保障体制。其中，私有化是俄罗斯休克式经济改革纲领的核心。俄罗斯实行"休克疗法"后也取得了一定的成效，卢布与美元汇率逐渐稳定，恶性通货膨胀得到基本治理。截至1996年底，俄罗斯实现私有化的企业共12.46万个，占私有化初期国有企业总数的60%；在企业比重上，国有企业和市政企业占企业总数的16.6%，非国有企业占83.4%；在资产比重上，国有资产占国民经济资产总量的45%，非国有资产占55%；在产出比重上，国有经济占国内生产总值的28%，非国有经济占72%。[①]

[①] Philip, S., 2003, "Inrstitutions and the Changing Composition of International Trade in the Port-Socialist Transition," Paper Priesented at the Annual Conference of the International Society of New Inrstitutional Economics, Budapest, September 11-13.

在私有化方式上，俄罗斯借鉴了东欧国家的经验教训，由于全靠外资来实现私有化是不现实的，而国内居民储蓄又不足以购买国有资产，因而俄罗斯采取的是证券私有化的方式，通过无偿发放私有化债券来转让国有资产。具体步骤是，先在本企业内部分配和出售企业股票，后向社会公开出售，余下的由国家掌握，并给予内部管理人员和工人一系列优惠办法，从而加快私有化进程。然而，证券私有化的结果并没有形成作为市场关系基础的广大的私有者阶层，反而为企业干部与国家或财政官僚的结合创造了有利的条件，使企业的所有权迅速集中到内部人手中（见表5—9），形成了内部人控制，国家机关、银行等事实上成了前国有制的独有的主人。

表5—9　　　　俄罗斯私有化后工业企业的所有权结构　　　　（%）

所有者	经济分析局（2000）	俄罗斯经济预测（1999）	布拉西（Blasi）(1996)	诺丁汉姆样本（1995/1996）	世界银行
内部人	62.3	46.2	58	59.6	66.1
经理	17.7	14.7	18	14.0	19.6
工人	34.5	31.5	40	45.6	46.2
国家	5.7	7.1	9	9.3	15.0
外部人	32	42.4	32.1	31.3	18.9
个人	N.A.	18.5	6	6.5	5.9
非金融企业	N.A.	13.5	15.3	10.3	6.7
银行	N.A.	1.0	1.6	1.5	1.0
投资基金	N.A.	3.9	5	4.6	4.5
外国人	N.A.	2.0	1.6	1.0	0.4
持股/投资公司	N.A.	3.5	2.6	5.4	0.0
其他	0	4.3	0.9	1.7	0.0
样本容量	364	139	357	314	235

资料来源：转引自 Carsten Sprenger, Ownership and Corporate Governance in Russia Industry: A Survey, EBRD Working Paper No.70, 2002.

内部人控制的出现招致了社会各界对证券私有化的普遍不满，使俄罗斯私有化进行到现金私有化阶段，按照市场价格出售国有企业的股票，有偿转让国有资产。这一阶段，由于俄罗斯禁止外国资本购买国有企业，因而能参与现金私有化的主要是在证券私有化阶段攫取巨大利益的内部人，这使得现金私有化实际上转变为国有资产在内部人之间的重新分配。其结果是进一步加剧了资本的集中程度，随着更多具有吸引力的战略性大型企业的控股权公开出售，新的金融资本家凭借对权力的依附与结合获得了多数企业的实际控制权，这使资本迅速集中到少数人手中，形成了暴富群体、官僚阶层和金融寡头，使俄罗斯的所有制结构呈现出官僚垄断资本占主导地位的特征。

1990年，波兰、南斯拉夫开始实行休克式的转轨战略。波兰政府实行的休克式经济转轨战略主要包括紧缩性的货币、财政政策；实行国有企业的商业化、非垄断化和私有化；价格自由化；实现本币的可兑换性；贸易自由化；实行以所得税和增值税为核心的税制；建立适当的社会保障网。实行"休克疗法"之后，1998年底，波兰私有经济的产值占国有生产总值60%以上，私营企业就业人数占职工总数的65%[1]，有效地遏制了恶性通货膨胀[2]，实现了波兰兹罗提与美元汇率的稳定，消除了国家预算赤字，对外贸易出现盈余，物资短缺现象迅速好转。这些现象表明，"休克疗法"取得了一些成效。

南斯拉夫经济改革纲领的主要内容是：实行紧缩的货币和财政政策；削减补贴，平衡预算；放开价格，实行价格自由化，冻结工资；第纳尔贬值，使第纳尔与西德马克挂钩，实现货币的可兑换性；实行贸易自由化，进出口完全自由。其政策取得了一定的成效，尤其是恶性通货膨胀得到治理，汇率趋于稳定，外汇储备增加。但也产生了负效应，尤其表现在工业生产下降上。南斯拉夫的改革在1990年上半年运行良好，但在下半年出现了不利的政策转向，导致"休克疗法"试验草草结束。

（2）渐进式制度变迁

与俄罗斯等国的激进式改革相反，匈牙利、中国和越南等国采取了渐进式改革战略，在未对以国有部门为主体的旧体制大动干戈的条件下，形成一个以市场导向、充满活力和以非国有部门为主的新体制，并且与旧体制相互并存和相互作用，产生了部门间的危机转移和比较优势改变，新体制从旧体制中吸取资源，旧体制获取新体制的改革援助，改革初始条件逐步发生变化，由计划经济边缘地带向中心地带深入。[3] 也就是说，整个转

---

[1] 许新：《转型经济的产权改革》，社会科学文献出版社2003年版，第372—375页。
[2] 1989年，波兰全年通货膨胀率为2000%，1990年下降为250%，1991年下降到72%。
[3] 刘世锦：《中国改革的推进方式及其中的公共选择问题》，《经济研究》1993年第10期。

轨过程是被划分为若干小的阶段，一步步完成的。其目的在于避免改革初期个人利益、个人境况的大幅度恶化，努力谋求长期个人利益、个人境况的普遍改善。匈牙利向市场经济过渡的改革起步较早，从20世纪60年代开始尝试，不断深化，直到90年代全面推开，过渡相对较稳，积累了较多的渐进改革的经验。

这样做的原因是考虑到激进的改革将大大打乱原有的利益格局，带来很大的摩擦成本以及对改革的阻力，甚至还会造成激烈的社会动荡从而使改革失败或流产。渐进式改革实际上是在不确定性条件下的一种不断试错过程。但是，在改革的后期，往往会更加困难，会触动一些集团的利益。

2. 主要转轨国家的制度变化

（1）政府效率

从表5—10和图5—1中可以很清楚地看到，1996—2008年，所列大部分转轨国家的政府效率指标有不同程度的波动，除格鲁吉亚2008年该项指标为正外，其他国家所有年份都是负值。大部分国家该项指标均有所改善，但总体情况仍然不容乐观。

表 5—10　　　　　主要转轨国家"政府效率"指标

年份 国家	1996	1998	2000	2002	2003	2004	2005	2006	2007	2008
土库曼斯坦	-1.22	-1.18	-1.14	-1.36	-1.22	-1.32	-1.42	-1.25	-1.17	-1.16
白俄罗斯	-1.41	-0.47	-0.80	-1.06	-1.06	-1.25	-1.16	-1.19	-1.23	-1.11
塔吉克斯坦	-1.21	-1.44	-1.15	-1.18	-1.06	-1.00	-0.99	-0.91	-0.98	-0.88
摩尔多瓦	-0.44	-0.25	-0.63	-0.63	-0.63	-0.83	-0.74	-0.81	-0.82	-0.76
吉尔吉斯斯坦	-0.55	-0.35	-0.50	-0.65	-0.61	-0.66	-0.80	-0.76	-0.75	-0.70
乌兹别克斯坦	-0.76	-0.77	-0.86	-1.12	-0.98	-0.99	-1.10	-0.94	-0.76	-0.68
阿塞拜疆	-0.85	-0.89	-0.81	-0.87	-0.72	-0.80	-0.63	-0.56	-0.66	-0.64
乌克兰	-0.69	-0.72	-0.64	-0.71	-0.50	-0.60	-0.36	-0.46	-0.60	-0.60
哈萨克斯坦	-0.89	-0.83	-0.65	-0.88	-0.64	-0.67	-0.56	-0.44	-0.54	-0.47
俄罗斯	-0.51	-0.41	-0.58	-0.20	-0.21	-0.28	-0.36	-0.45	-0.41	-0.32
亚美尼亚	-0.61	-0.44	-0.59	-0.22	-0.22	-0.11	-0.09	-0.25	-0.24	-0.07
格鲁吉亚	-0.32	-0.65	-0.62	-0.76	-0.65	-0.43	-0.44	-0.22	0.01	0.18

资料来源：《全球治理指标报告》（2009）。

122　制度与制度变迁对国际贸易的影响

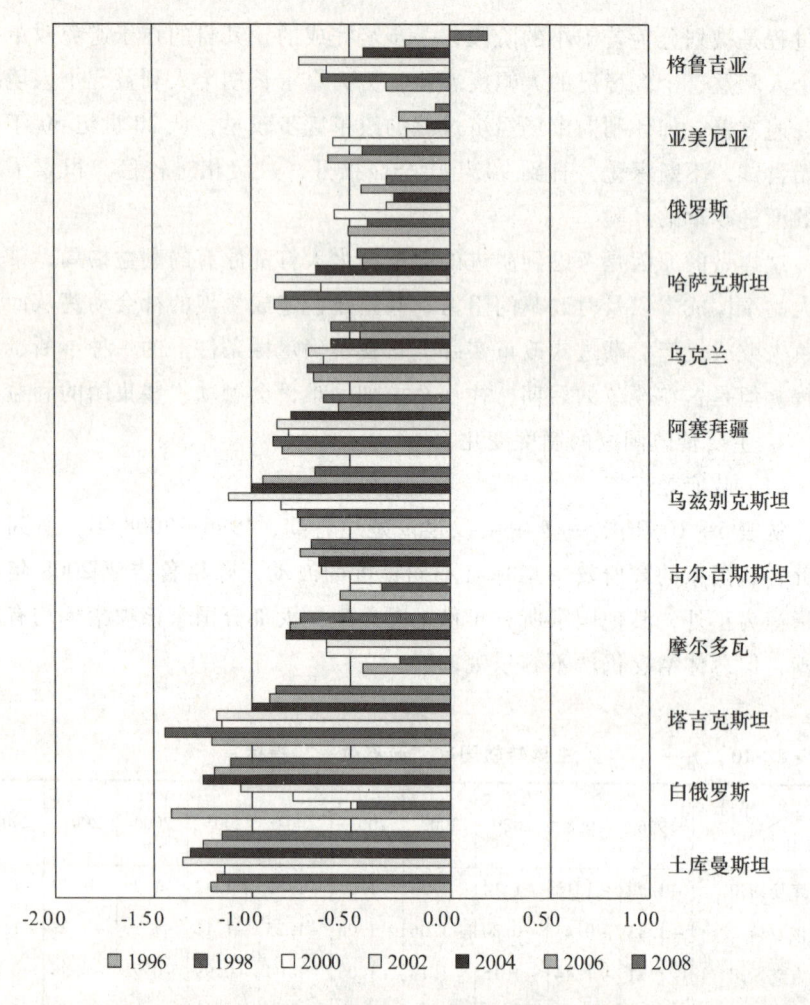

图 5—1　主要转轨国家"政府效率"指标变化

（2）监管质量

从表 5—11 和图 5—2 可见，除摩尔多瓦和俄罗斯分别由 1996 年的 0.14 和 -0.39 下降到 2008 年的 -0.20 和 -0.56 外，其他国家该项指标都有提高，尤其是亚美尼亚和格鲁吉亚，分别由 1996 年的 -1.33 和 -1.23 上升为 2008 年的 0.32 和 0.59，在"监管质量"上取得了明显的改善。

表 5—11　　　　　　主要转轨国家"监管质量"指标

年份 国家	1996	1998	2000	2002	2003	2004	2005	2006	2007	2008
土库曼斯坦	-2.67	-2.20	-1.97	-1.95	-1.77	-1.96	-2.07	-2.19	-2.02	-2.03
乌兹别克斯坦	-1.74	-2.10	-2.00	-1.55	-1.47	-1.68	-1.71	-1.71	-1.45	-1.41
白俄罗斯	-1.53	-2.01	-1.94	-1.73	-1.63	-1.43	-1.51	-1.67	-1.56	-1.24
塔吉克斯坦	-2.28	-1.73	-1.26	-1.30	-1.09	-1.08	-1.04	-1.05	-1.03	-0.97
俄罗斯	-0.39	-0.51	-0.78	-0.44	-0.37	-0.24	-0.33	-0.57	-0.44	-0.56
乌克兰	-0.50	-0.82	-0.61	-0.65	-0.66	-0.47	-0.30	-0.49	-0.42	-0.39
哈萨克斯坦	-0.43	-0.41	-0.66	-0.82	-0.68	-0.59	-0.46	-0.49	-0.45	-0.37
阿塞拜疆	-0.98	-0.94	-0.81	-0.69	-0.55	-0.61	-0.53	-0.51	-0.50	-0.32
吉尔吉斯斯坦	-0.52	-0.33	-0.22	-0.17	-0.21	-0.33	-0.72	-0.59	-0.40	-0.32
摩尔多瓦	0.14	-0.23	-0.43	-0.47	-0.61	-0.57	-0.48	-0.39	-0.30	-0.20
亚美尼亚	-1.33	-0.38	-0.28	-0.08	0.06	0.03	0.11	0.23	0.25	0.32
格鲁吉亚	-1.23	-0.77	-0.51	-0.84	-0.76	-0.53	-0.56	-0.26	0.20	0.59

资料来源：《全球治理指标报告》（2009）。

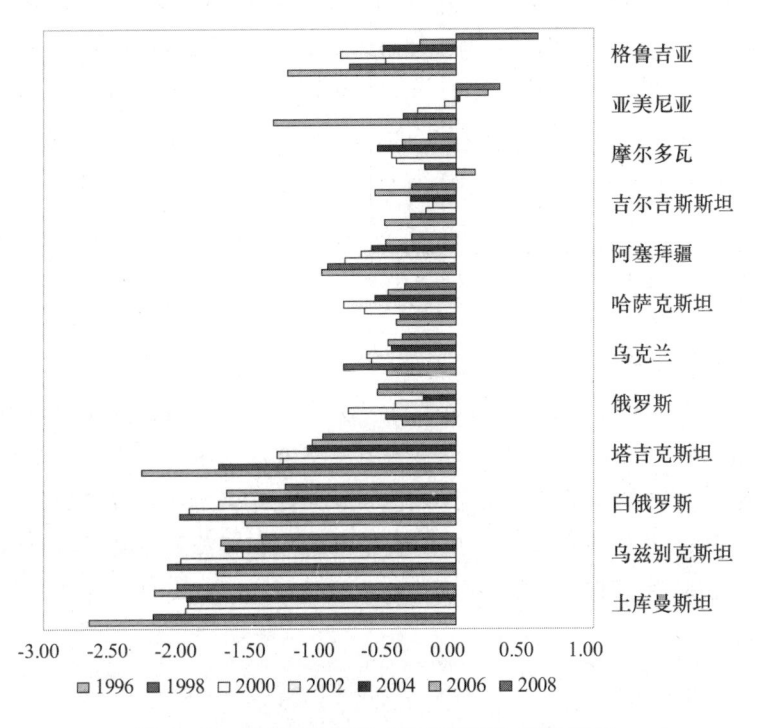

图 5—2　主要转轨国家"监管质量"指标变化

(3) 法治

表 5—12 和图 5—3 显示，就该项指标而言，大部分国家呈现出下降趋势，说明这些国家在法治方面出现了恶化情形。个别国家在法治方面有了提高，但幅度很小。

表 5—12　　　　　　　　主要转轨国家"法治"指标

年份 国家	1996	1998	2000	2002	2003	2004	2005	2006	2007	2008
土库曼斯坦	-1.16	-1.12	-1.09	-1.16	-1.26	-1.41	-1.40	-1.38	-1.28	-1.30
吉尔吉斯斯坦	-0.56	-0.67	-0.83	-0.75	-0.79	-0.80	-1.05	-1.20	-1.12	-1.26
乌兹别克斯坦	-0.94	-0.97	-1.04	-1.40	-1.28	-1.34	-1.39	-1.36	-1.05	-1.18
塔吉克斯坦	-1.23	-1.53	-1.40	-1.22	-1.01	-1.06	-0.93	-0.99	-1.03	-1.12
白俄罗斯	-0.88	-0.76	-1.04	-1.25	-1.30	-1.23	-1.06	-1.22	-1.10	-1.00
俄罗斯	-0.67	-0.85	-1.06	-0.89	-0.92	-0.82	-0.87	-0.95	-0.95	-0.91
哈萨克斯坦	-0.83	-0.85	-0.90	-1.00	-1.00	-1.01	-0.78	-0.90	-0.81	-0.78
阿塞拜疆	-0.91	-1.01	-1.05	-0.87	-0.82	-0.82	-0.79	-0.86	-0.81	-0.76
乌克兰	-0.50	-0.92	-1.01	-0.86	-0.90	-0.75	-0.61	-0.79	-0.71	-0.62
摩尔多瓦	-0.17	-0.27	-0.60	-0.74	-0.80	-0.64	-0.60	-0.67	-0.65	-0.46
亚美尼亚	-0.50	-0.45	-0.53	-0.51	-0.48	-0.61	-0.50	-0.57	-0.54	-0.36
格鲁吉亚	-0.86	-1.21	-1.12	-1.27	-1.24	-0.79	-0.78	-0.59	-0.50	-0.34

资料来源：《全球治理指标报告》(2009)。

(4) 腐败控制

从表 5—13 和图 5—4 可知，与"法治"指标类似，主要转轨国家在"腐败控制"方面的提高并不明显，有些国家甚至出现了进一步恶化的趋势，比如吉尔吉斯斯坦、摩尔多瓦，分别从 1996 年的 -0.72 和 -0.26 下降为 2008 年的 -1.06 和 -0.64。格鲁吉亚和亚美尼亚有了相对明显的改善，分别由 1996 年的 -1.26 和 -0.80 上升为 2008 年的 -0.23 和 -0.54。

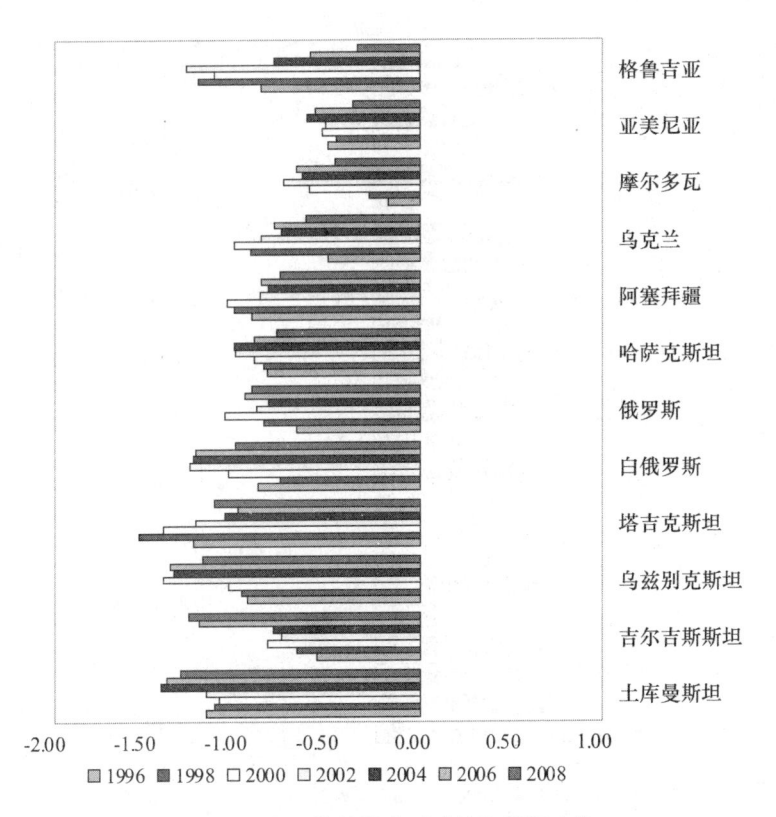

第五章 转轨国家制度变迁与国际贸易　125

图 5—3　主要转轨国家"法治"指标变化

表 5—13　　　　　　　主要转轨国家"腐败控制"指标

国家	1996	1998	2000	2002	2003	2004	2005	2006	2007	2008
土库曼斯坦	-1.70	-1.07	-1.06	-1.23	-1.14	-1.39	-1.35	-1.30	-1.21	-1.34
乌兹别克斯坦	-1.02	-0.99	-0.92	-1.00	-1.05	-1.15	-1.17	-0.97	-0.93	-1.08
吉尔吉斯斯坦	-0.72	-0.64	-0.79	-0.81	-0.82	-0.99	-1.10	-1.14	-1.10	-1.06
阿塞拜疆	-1.07	-1.08	-1.10	-0.99	-0.99	-1.11	-0.97	-0.94	-1.01	-1.00
塔吉克斯坦	-1.30	-1.33	-1.23	-1.06	-1.04	-1.18	-1.09	-0.93	-0.86	-0.99
俄罗斯	-0.80	-0.83	-0.99	-0.91	-0.76	-0.75	-0.74	-0.77	-0.91	-0.98
哈萨克斯坦	-0.91	-0.90	-0.96	-1.08	-1.10	-1.13	-0.89	-0.85	-0.88	-0.95
白俄罗斯	-1.00	-0.71	-0.56	-0.91	-0.96	-1.02	-0.87	-0.75	-0.86	-0.79
乌克兰	-0.78	-1.15	-1.01	-0.96	-0.89	-0.89	-0.52	-0.62	-0.71	-0.72
摩尔多瓦	-0.26	-0.33	-0.70	-0.93	-0.90	-1.01	-0.74	-0.67	-0.67	-0.64
亚美尼亚	-0.80	-0.81	-0.77	-0.70	-0.62	-0.70	-0.61	-0.57	-0.71	-0.54
格鲁吉亚	-1.26	-0.86	-0.93	-1.16	-0.96	-0.62	-0.40	-0.24	-0.32	-0.23

资料来源：《全球治理指标报告》（2009）。

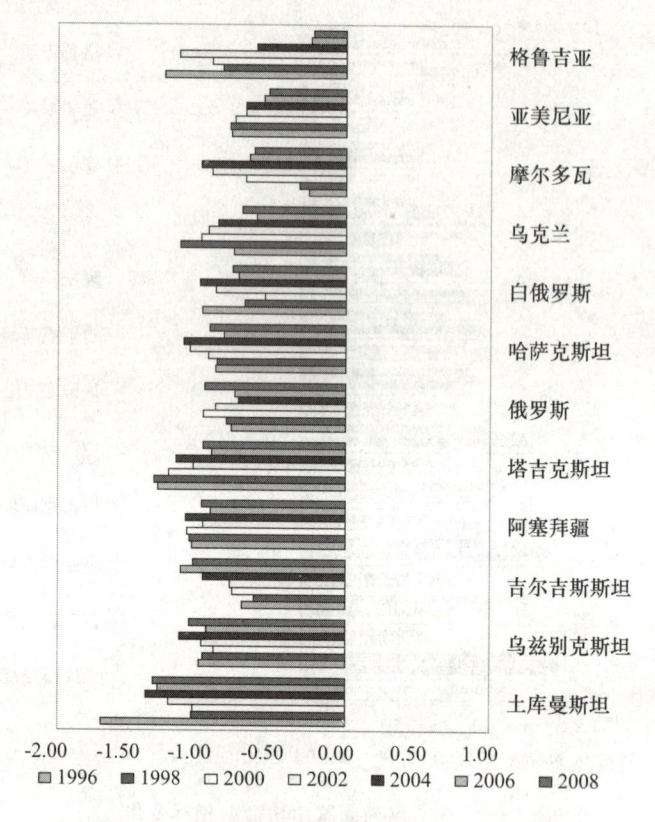

126　制度与制度变迁对国际贸易的影响

图5—4　主要转轨国家"腐败控制"指标变化

综上所述，主要转轨国家虽然都在产权私有化和市场化方面取得了较大的成绩，但是体现在"政府效率"、"监管质量"、"法治"以及"腐败控制"的改善方面，其结果存在着相当大的差异。这些差异必将突出体现在这些国家比较优势的大小、对外经济交流与合作的规模、利益的分配等方面，并最终体现在对经济的影响上。

三　主要转轨国家对外贸易的发展

（一）对外贸易增长率

中央计划经济体制下的苏联和中东欧国家主要在经互会框架下开展贸易。在20世纪最后10年里，伴随着经互会的解体和这些国家的经济转轨，这些国家的产权和合约实施保障制度发生了较大变化，外贸管理体制和对外贸易格局也都发生了重大的变化，取得了一定的成果。但商品进出口很不稳定，如表5—14和表5—15所示，1994—1996年，主要转轨国家商品进出口发展迅速，增长率较高。受1997年金融危机的影响，1997—1999年，这些国家商品进出口增长停滞，甚至出现萎缩。2000—2008年，这些国家商品进出口出现迅速扩张，尤其是2003年以后，多数国家的进出口增长率高达30%以上。

表5—14　　主要转轨国家1993—2008年商品进出口贸易总额　　（亿美元）

国家（进口）	1993	1994	1995	1996	1997	1998	1999	2000
亚美尼亚	NA	2.5	4.4	11.5	11.3	11.2	10.4	11.8
阿塞拜疆	NA	6.6	7.7	15.9	15.8	16.8	19.7	29.2
白俄罗斯	NA	19.1	31.2	125.9	159.9	156.2	125.9	159.7
格鲁吉亚	NA	1.1	2.9	8.9	11.8	10.8	8.4	10.3
哈萨克斯坦	NA	26.8	33.1	101.5	108.0	97.9	92.8	138.5
吉尔吉斯斯坦	NA	2.2	3.0	13.4	13.2	13.6	10.6	10.6
摩尔多瓦	NA	3.3	5.3	18.6	20.5	16.6	10.4	12.5
俄罗斯	783.5	876.2	1063.8	1574.3	1619.5	1333.0	1154.0	1502.2
塔吉克斯坦	NA	6.8	7.9	14.4	15.0	13.1	13.6	14.6
土库曼斯坦	NA	12.4	15.5	30.1	25.6	19.0	26.8	42.9
乌克兰	NA	70.9	112.0	320.1	313.6	273.1	234.3	285.3
乌兹别克斯坦	NA	21.4	32.8	74.5	74.3	51.4	42.5	55.1
国家（出口）								
亚美尼亚	12.2	14.9	19.7	20.7	27.8	31.8	44.2	54.8
阿塞拜疆	37.5	38.3	52.2	71.3	120.0	182.8	273.1	381.6
白俄罗斯	157.4	171.1	215.0	302.6	326.9	420.9	529.7	723.9
格鲁吉亚	10.7	11.4	16.0	24.9	33.6	46.7	64.6	75.6
哈萨克斯坦	150.9	162.5	213.4	328.7	452.0	619.3	805.1	1090.6
吉尔吉斯斯坦	9.4	10.7	13.0	16.6	17.7	25.1	35.5	57.1
摩尔多瓦	14.6	16.8	21.9	27.5	33.8	37.5	50.3	64.9
俄罗斯	1556.5	1682.7	2120.0	2805.9	3692.3	4678.3	5778.9	7634.6
塔吉克斯坦	13.4	14.6	16.8	21.1	22.4	31.2	39.2	46.8
土库曼斯坦	49.5	49.7	61.4	71.9	78.9	97.2	115.4	175.9
乌克兰	320.4	349.3	460.9	616.6	703.6	834.1	1099.1	1525.4
乌兹别克斯坦	55.2	49.4	58.5	76.7	84.2	100.0	128.8	174.5

资料来源：根据世界银行网站数据与统计资料整理。

表 5—15　　主要转轨国家 1995—2008 年进出口总额增长率　　　　　　　　(%)

国家（进口）	1995	1996	1997	1998	1999	2000	2001
亚美尼亚	79.6	160.2	-1.7	-0.4	-7.6	13.6	3.5
阿塞拜疆	16.7	106.5	-0.9	6.7	17.0	48.4	28.4
白俄罗斯	63.1	304.2	27.0	-2.3	-19.4	26.9	-1.5
格鲁吉亚	159.1	210.5	33.3	-8.9	-21.9	22.9	3.8
哈萨克斯坦	23.5	206.7	6.4	-9.4	-5.2	49.3	8.9
吉尔吉斯斯坦	34.1	355.9	-2.2	3.0	-22.1	0.4	-11.0
摩尔多瓦	59.1	255.2	9.7	-18.8	-37.3	20.1	16.9
俄罗斯	21.4	48.0	2.9	-17.7	-13.4	30.2	3.6
塔吉克斯坦	17.0	82.3	3.8	-12.7	3.8	7.7	-8.4
土库曼斯坦	25.0	94.2	-15.0	-25.8	41.1	60.1	15.3
乌克兰	58.0	185.9	-2.0	-12.9	-14.2	21.8	12.3
乌兹别克斯坦	53.4	127.5	-0.3	-30.8	-17.3	29.7	0.1
国家（出口）							
亚美尼亚	22.6	31.7	5.5	33.9	14.5	39.1	24.0
阿塞拜疆	2.3	36.1	36.7	68.3	52.4	49.4	39.7
白俄罗斯	8.7	25.7	40.7	8.0	28.8	25.9	36.7
格鲁吉亚	6.6	40.3	55.6	34.6	39.2	38.2	17.0
哈萨克斯坦	7.8	31.3	54.1	37.5	37.0	30.0	35.5
吉尔吉斯斯坦	13.7	21.1	27.8	6.9	41.6	41.4	60.9
摩尔多瓦	15.2	30.1	25.8	22.9	10.7	34.4	29.0
俄罗斯	8.1	26.0	32.4	31.6	26.7	23.5	32.1
塔吉克斯坦	9.0	15.0	25.5	6.3	39.4	25.7	19.2
土库曼斯坦	0.4	23.6	17.0	9.7	23.1	18.8	52.4
乌克兰	9.0	31.9	33.8	14.1	18.5	31.8	38.8
乌兹别克斯坦	-10.6	18.5	31.1	9.7	18.8	28.8	35.5

资料来源：世界银行网站。

（二）对外贸易模式的变化

对外贸易尤其是与发达国家的贸易成为转轨国家经济发展的重要组成部分，仅仅经历了转轨初期，许多中东欧国家的对外贸易依存度就从 1990 年的不足 10% 上升到 1995 年的 20% 以上。[①] 到 2008 年，外贸依存度更高，白俄罗斯达 131.7%，乌克兰达 76.8%。

---

① Thomas C. Lowinger, Mudziviri Nziramasanga, and Anil K. Lal, "Economic Transition in Central and Eastern Europe: the Consequences for Trade Structure and Trade Volume," *the International Trade Journal*, Vol. 14, No. 1 (2000), p. 54.

1990年以来,中东欧国家对外贸易的地理方向和商品构成也都发生了较大的变化。为了突出转轨对对外贸易的影响,本书选用1985—1988年的数据与1994年的数据进行比较。

首先,中东欧国家中央计划经济体制解体导致这些国家的对外贸易方向发生重大转变。1985—1988年与1994年,经济互助委员会前成员国之间的贸易削减一半以上①,中东欧对外贸易从经互会转移到发达的市场经济国家,尤其是转向了欧盟成员国。中东欧国家有着与西欧相邻的独特的地理优势,加上它们相对良好的经济基础、影响深远的经济改革和稳定的宏观经济政策,与西欧国家的贸易得到快速发展,占其对外贸易总量的60%以上。与发达的市场经济国家之间的贸易成为中东欧国家对外出口贸易增长的主要驱动力。1989—1995年,向欧盟的出口贸易占中东欧国家出口总量的比例翻了一番,占55%,欧盟已经成为东欧国家的主要贸易伙伴。

其次,在制度转轨期间,中东欧国家对外贸易的商品种类增加,商品构成也发生了较大变化。与发达的市场经济国家的贸易,尤其是与欧盟国家的贸易量大幅上升,商品种类也快速增加。中间品出口(如钢铁、金属制品、纸制品和化工燃料)和轻工产品出口(如家具、木制品、服装等)稳步上升。出口产品原来以原材料和农产品等初级产品为主,逐渐演变为轻工产品占越来越大的比重,如纺织品、鞋子和服装等。② 同时,中东欧国家机械设备以及其他资本品的进口持续上升,显示了国内持续上涨的投资需求。

为了研究这些正在进行市场转轨和经济改革的中东欧国家的贸易模式在此期间所发生的变化,我们分别计算了这些国家在与西欧主要贸易伙伴国贸易中的显示性比较优势指数和产业内贸易指数。

显示性比较优势指数是 Balassa B. 在1965年提出的,他认为,如果一个国家某项商品出口占世界该种产品总出口的比例高于该国总出口占世界总出口的比例,则该国在该类商品上拥有显示性比较优势。③

---

① 经互会成员包括保加利亚、波兰、匈牙利、罗马尼亚、捷克斯洛伐克、东德、苏联、蒙古、越南和古巴。
② 也有例外情况:捷克共和国、匈牙利、波兰和斯洛伐克共和国等初级产品和半制成品仍占总产品出口的40%—50%,在经济转轨较慢的保加利亚和罗马尼亚等国,该比例更大。
③ B. Balassa, "Trade Liberalization and 'Revealed' Comparative Advantage," *Manchester School of Economic and Social Studies*, Vol. 33 (1965), pp. 99-123.

显示性比较优势指数的一般计算办法有两种，见式（5—1）和式（5—2）。

$$RCA^1_{ij} = X_{ij}/M_{ij} \tag{5—1}$$

$$RCA^2_{ij} = (X_{ij} - M_{ij})/(X_{ij} + M_{ij}) \tag{5—2}$$

其中，X_{ij} 表示一国（或地区）i 商品向 j 国（或地区）的出口，M_{ij} 指一国（或地区）从 j 国（或地区）进口的商品 i。如果 RCA^1_{ij} 值大于 1，表明该国在商品 i 上具有显示性比较优势；如果该值小于 1，表明该国在商品 i 上具有显示性比较劣势。RCA^2_{ij} 取值范围从 -1 到 1，取值为 -1，表示该国（或地区）i 商品仅有进口，无出口；取值为 1，表示 i 商品仅有出口无进口，该项指数意味着一国的 RCA 大致等于该国 i 商品的进出口差额占总贸易值的比例。

衡量东欧国家贸易模式的一个很好的方法是考察其产业内贸易量（同产业类别商品的国际贸易）。产业内贸易指数最初由 Grubel and Lolyd 在 1975 年提出，关于产业内贸易的理论实证研究都得出一个结论：产业内贸易量与一国人均收入水平正相关。因此我们认为，与中等收入的东欧国家相比，在发达国家（高收入国家）之间的贸易中，产业内贸易更为活跃。总贸易中产业内贸易所占比重较高，意味着这些国家的贸易偏向于那些差异产品，这些差异产品的生产取决于内部规模经济。① 产业内贸易通过增加产品类别和较低的进口品价格来产生更多的贸易利益。

产业内贸易度可以用下式来定义：

$$IIT = 1 - |X_i - M_i|/(X_i + M_i) \tag{5—3}$$

其中，X_i 和 M_i 分别代表一国（或地区）i 商品的出口和进口。该指数取值在 0 和 1 之间，取值为 0，意味着该国（或地区）完全无进口或者完全无出口；取值为 1，意味着 i 商品的进出口大致相当。

与贸易相关的数据来自联合国贸易数据库。本书根据产品要素密集度将产品分为四种（自然资源密集型、非熟练劳动密集型、人力资本密集型和技术密集型产品）。出于数据一致性和分析的便利性目的，数据使用了 1992—1994 年和 1995—1997 年期间的平均值。国家的数据按以下方法归类：捷克、波兰、匈牙利和斯洛伐克；参照国：丹麦、希腊、爱尔兰、

---

① Paul R. Krugman and Maurice Obstfeld, *International Economics: Theory & Policy*, Seventh Edition (Pearson Adddson Wesley, 2006), pp. 113-116.

葡萄牙、西班牙、奥地利和芬兰。

表5—16是1992—1994年和1995—1997年中东欧国家的贸易模式。正如所预期的那样，东欧国家与OECD的进出口贸易均小于参照国，制度摩擦对双边贸易显然有突出的阻碍作用。参照国绝大多数的进出口都是在OECD内部进行的，既体现了制度优越国家进出口贸易规模较大，也体现了它们由于制度趋同所带来的认同感大大促进了双边贸易的发展。东欧国家在20世纪90年代初刚刚实行制度转轨时，与OECD国家的制度存在着较大的摩擦，而且制度的完善和接受需要一个过程，这在很大程度上影响了东欧国家与OECD国家之间的贸易。在东欧国家和参照国向OECD国家的出口中，自然资源密集型和非熟练劳动密集型产品的比例大致相当，区别较大的是人力资本密集型和技术密集型产品。东欧国家人力资本密集型和技术密集型产品向OECD国家的出口在1995—1997年有较大的提升，但仍然低于参照国的比例。

表5—16　东欧国家与参照国家的贸易模式（1992—1994，1995—1997）（%）

产品类别	出口至OECD国家的百分比		出口至非OECD国家的百分比		自OECD国家进口的百分比		自非OECD国家进口的百分比	
	参照国	东欧国家	参照国	东欧国家	参照国	东欧国家	参照国	东欧国家
自然资源密集型产品	77.8	77.1（76.7）	22.2	22.9（23.3）	74.6	61.5（67.7）	25.4	38.5（32.3）
非熟练劳动密集型产品	82.9	76.2（78.8）	17.1	23.8（21.2）	72.3	70.1（81.7）	27.7	29.1（18.3）
人力资本密集型产品	82.1	53.6（65.3）	17.9	46.4（21.2）	89.1	74.7（74.8）	10.9	25.3（25.2）
技术密集型产品	75.7	54.0（68.5）	24.3	46.0（31.5）	86.6	78.2（82.5）	13.4	21.8（17.5）

资料来源：United Nations Statistical Office, Commodity Trade Statistics.

注：括号内的数据是1995—1997年期间的。非OECD国家的贸易数据是全球贸易额与OECD国家贸易额之差。产品代码分类为3位数字。

表5—17给出的结果是1992—1994年、1995—1997年东欧国家和参照国与OECD国家和非OECD国家贸易的RCA指数和IIT指数。可以看出，1992—1994年，在与发达的高收入OECD国家的贸易中，一方面，

东欧国家的 RCA 主要体现在自然资源密集型产品（$RCA^1 = 2.71$）和非熟练劳动密集型产品（$RCA^1 = 1.60$）上，因此，它们的贸易模式与要素比例模型所描绘的相当一致。另一方面，显示性比较劣势体现在技术密集型（$RCA^1 = 0.36$）和人力资本密集型产品（$RCA^1 = 0.78$）上。与之相反，在与欠发达的非 OECD 国家的贸易中，东欧国家四种商品都呈现出显示性比较优势，其中，人力资本密集型产品（$RCA^1 = 2.00$）尤为突出。1995—1997 年，东欧国家 RCA 指数发生了较大变化，尤其是在与 OECD 国家的贸易中，自然资源密集型产品的显示性比较优势由 2.71 下降到 1.57，技术密集型产品的劣势有所提高，RCA 指数从 0.36 上升为 0.43。在与非 OECD 国家的贸易中，自然资源密集型和人力资本密集型产品的显示性比较优势均下降，分别从 1.28 和 2.00 下降到 1.00 和 1.20，但非熟练劳动密集型产品的指数由 1.22 上升到 1.71，这意味着，随着改革的不断推进和重建加速，中东欧国家生产和贸易模式都发生了变化。

表 5—17　　东欧国家和参照国与 OECD 和非 OECD 国家贸易的 RCA 和 IIT 指数（1992—1994，1995—1997）

产品种类	与 OECD 国家的贸易		与非 OECD 国家的贸易	
	东欧国家	参照国	东欧国家	参照国
自然资源密集型	$RCA^1 = 2.71\ (1.57)$ $RCA^2 = 0.45\ (0.22)$ $IIT = 0.55\ (0.78)$	$RCA^1 = 1.20$ $RCA^2 = 0.09$ $IIT = 0.91$	$RCA^1 = 1.28\ (1.00)$ $RCA^2 = 0.12\ (0.00)$ $IIT = 0.88\ (1.00)$	$RCA^1 = 1.00$ $RCA^2 = 0.00$ $IIT = 0.97$
非熟练劳动密集型	$RCA^1 = 1.60\ (1.42)$ $RCA^2 = 0.23\ (0.22)$ $IIT = 0.77\ (0.83)$	$RCA^1 = -1.06$ $RCA^2 = 0.03$ $IIT = 0.97$	$RCA^1 = 1.22\ (1.71)$ $RCA^2 = 0.33\ (0.26)$ $IIT = 0.90\ (0.74)$	$RCA^1 = 0.57$ $RCA^2 = 0.27$ $IIT = 0.73$
人力资本密集型	$RCA^1 = 0.78\ (0.76)$ $RCA^2 = 0.13\ (-0.13)$ $IIT = 0.87\ (0.87)$	$RCA^1 = 0.83$ $RCA^2 = -0.09$ $IIT = 0.90$	$RCA^1 = 2.00\ (1.20)$ $RCA^2 = 0.10\ (0.09)$ $IIT = 0.90\ (0.91)$	$RCA^1 = 1.49$ $RCA^2 = 0.19$ $IIT = 0.81$
技术密集型	$RCA^1 = 0.36\ (0.43)$ $RCA^2 = -0.47\ (-0.40)$ $IIT = 0.53\ (0.60)$	$RCA^1 = 0.70$ $RCA^2 = 0.18$ $IIT = 0.82$	$RCA^1 = 1.11\ (0.93)$ $RCA^2 = 0.05\ (-0.04)$ $IIT = 0.95\ (0.96)$	$RCA^1 = 1.45$ $RCA^2 = 0.19$ $IIT = 0.82$

资料来源：United Nations Statistical Office, Commodity Trade Statistics.

可以看到，一方面，东欧国家与发达工业化国家（OECD）贸易的 RCA 体现在自然资源密集型产品和标准化或半熟练劳动密集型工业制成品上。另一方面，在与非OECD国家的贸易中，东欧国家的 RCA 体现在相对复杂品和人力资本相对密集的产品上。一般来说，参照国较高的 IIT 指数可以归因于它们的欧盟成员国身份，它们之间有相似的地理位置，高人均收入以及受约束较小的贸易惯例，这些都有利于相似产品的跨国交易。东欧国家快速的贸易自由化、稳定的宏观经济政策以及广泛的制度改革（比如中小企业私有化和金融改革）为其贸易的扩张和结构的改变创造了有利的条件，它们的对外贸易从极度依赖前社会主义国家（经互会）变化到较富裕的西欧国家。

四 小结

本章分别对主要转轨国家发生制度变迁以来制度的变化以及对外贸易发展趋势进行了分析，发现多数转轨国家虽然基本上完成了生产资料私有化以及市场体制的初步建立，但以公共治理指标衡量的制度并没有得到明显的改善。多数经济转轨国家在各自的管理体制方面仍然存在着许多不符合市场经济要求和国际惯例之处，贸易立法和管理体制的建设跟不上经济贸易合作发展的需要。

虽然转轨国家对外贸易发生了突飞猛进的发展，但这种发展一是源于这些国家本来的对外贸易起点较低；二是源于大量的原材料出口以及工业制成品进口。制度变迁所带来的对国际贸易的促进作用并没有充分体现出来，甚至在制度更替的过程中还会阻碍国际贸易的发展。因此，只有继续提高政府效率，加强监管和法治建设，有效控制腐败，才能从制度层面使转轨国家真正实现国际贸易在质量上的提高。

第六章 中国制度变迁与对外贸易发展

中国在对外贸易领域的制度变迁突出体现在20世纪70年代末开始的改革开放以后。改革开放前的中国是一个高度一致化的社会，国家经济生活的各个领域几乎都被置于全能社会主义国家的严格控制之下，国家包办了社会经济领域的诸多功能，从而限制甚至禁止了这些领域的自我组织能力的成长，而对外贸易领域则全部由中央指定的专门部门来控制和经营。

中国的改革开放是全方位的，涉及包括国家本身在内的诸多领域，但从制度角度讲则是国家推动下的现代制度改革和构建过程。在经济全球化迅速发展、国际竞争日趋激烈的今天，中国的制度变迁自然也突出体现在对外贸易领域里，极大地推动了中国与世界其他国家的经济合作与交流。

具体而言，中国的改革是从"放权让利"开始的。邓小平在改革开放之初多次指出，中国制度最大的弊端就是权力过于集中，国家和党管了很多不该管、也管不好的事情，因此必须下放权力，充分调动广大人民群众的积极性和创造性，发挥国家、集体和个人的作用。各个领域的制度就是在放权的过程中逐渐被创制或重构的。首先，在农村实行家庭联产承包责任制，恢复了家庭的基本生产经营单位地位，并鼓励集体企业的建立和发展，从而创造出农村市场主体；其次，推行城市经济体制改革，把国有企业从计划体制中解放出来，推向市场，改革价格体制，把商品流通和价格调整这些基本功能交给市场，并提出了发展社会主义商品经济的目标；再次，1992年以后，确立了建立社会主义市场经济体制的目标，赋予市场体制合法性，并围绕市场经济体制实行了一系列的改革；最后，随着市场经济的迅速发展、经济主体的增加、社会结构的多元化、社会关系的多样化以及对外联系的深化，为了规范新出现的各类关系，解决新的问题，建设"社会主义法治国家"（1997年）、"社会主义政治文明"（2002年）、"和谐社会"（2004年）等理念也相应产生，并推动着制度的重构和创制,这表明制度创制已经从经济领域扩展到政治和社会领域。①

一 中国制度变迁的背景

新中国成立后,中国基本上全盘照搬苏联模式建设社会主义国家,全面实施了中央计划经济体制。在当时迅速集中全国的力量建立了较为完善的社会主义工业体系,巩固了社会主义政权,体现了该项制度较强的优越性。但中央计划经济体制由于在激励机制和资源配置机制方面的不足,尤其是在全球化大背景下,日益体现出在提高经济增长质量、参与国际竞争中的劣势,制度变迁迫在眉睫。

(一) 中国建立计划经济体制过程的简要回顾

新中国成立后,在短短几年时间里进行了社会主义改造,建立了全面的中央计划经济体制。在随后的不断实践中,有针对性地对计划经济体制进行了各项改革,计划经济的演变过程大致可以分为两个阶段。

1. 计划经济体制建立初期(1949—1957 年)

在抗美援朝结束和国民经济得到初步恢复后,为了进一步促进经济发展,完成向社会主义的过渡,毛泽东于 1953 年提出了"一化三改"(即社会主义工业化、改造农业、改造手工业、改造资本主义工商业)的总路线。在此过程中,国家采取了一系列的措施,经过 4 年的努力,到 1957 年第一个国民经济五年计划完成的时候,社会主义改造基本完成,初步建立起了公有制占绝对统治地位的高度集中的计划经济体制。经济得到快速发展,工农业总产值与 1952 年相比有了显著增长。至 1957 年年底,国民收入平均每年增长 8.9%,工业总产值比 1952 年增长了 128.6%,平均年增长率达 18.4%,超过了原定的 14.7% 的增长速度。钢产量达到 535 万吨,比 1952 年增长了 266%;煤产量 1.31 亿吨,比 1952 年增长了 96%,粮食产量达到 390 亿斤,比 1952 年增长了 19%。②

---

① 俞可平、黄品等主编:《中国模式与"北京共识":超越"华盛顿共识"》,社会科学文献出版社 2006 年版,第 351 页。

② 周树立:《论改革开放前的中国经济发展战略》,《经济经纬》2003 年第 4 期。

2. 计划经济体制调整时期（1958—1976）

1956年，中国共产党在第八次全国代表大会召开以后，开始探索适合中国国情的社会主义建设道路，对经济体制的改革进行了积极的探索，主要围绕计划权限下放问题反复进行了三次大的调整：

（1）1958年，针对中央和地方以及国家和企业关系比较紧张、计划工作制度存在集中过多和控制过严等问题，进行了以"管理权限下放、扩大地方权限"为中心内容的全面体制改革。实行"在中央集中领导下，以地区综合平衡为基础、专业部门和地区相结合"的计划管理制度；在中央和地方的计划权限划分上，逐步扩大地方计划权限。

（2）1961年，针对在"大跃进"中出现的偏差，进行了以"加强集中统一"为中心的改革，强调要"统一领导，中央集权"，提出了"调整、巩固、充实、提高"的方针，对国民经济进行调整，做出了《关于调整管理体制的若干暂行规定》，并对经济管理体制做了相应的调整。

（3）1966年，中国经济进入第三个五年计划，针对再次出现的集中过多的问题，中央又一次提出了"下放管理权限"的问题。改革先从下放企业管理权限开始。1969年，中央决定将鞍山钢铁公司下放给辽宁省，此后，又将包括很多大中型骨干企业在内的央属企事业单位下放给地方管理。同时，在计划体制上实行"块块为主，条块结合"的制度。

中央计划经济体制的最大优点体现在它能够最大限度地调动并集中稀缺资源服务于那些明确的目标，满足国家紧急的和首要的需要，如国家的工业化、战后经济的重建以及战时经济等方面。"这一体制有助于经济落后国家迅速摆脱落后，建立本国的工业基础，实现国家关于经济发展优先性的目标。这一体制在经济发展处在粗放发展阶段时，能够保持较好的发展势头"。有数据为证，"1952—1978年间，中国的经济总量水平按可比价格计算的社会总产值、工业总产值和国民收入的年均增长率，分别达到7.9%、8.2%、6.0%。1952—1980年工业投资达3599.19亿元，新增固定资产达2734.5亿元。按可比价格计算，1980年全国工业总产值达4992亿元，比1952年的343.3亿元增长17.9倍"[①]。

---

① 周树立：《论改革开放前的中国经济发展战略》，《经济经纬》2003年第4期。

（二）中央计划经济体制弊端在中国的主要表现

中国于 1957 年开始全面推行中央计划经济体制，经济增长率较高，但是并没有按照计划实现经济现代化，其主要原因在于这种资源配置方式缺乏效率，对生产、投资的激励不足，造成了资源配置扭曲。

首先表现在高积累率所带来的经济粗放式快速增长，代价高昂上。社会主义计划经济基础建立初始，国民收入中消费和积累的比例严重失调，积累率居高不下。大部分时期积累率在 30% 以上，即使是在调整时期，积累率也高达 22.7%（如表 6—1 所示）。

表6—1　　　　　　　国民收入中消费和积累比例统计

时期	国民收入使用额（亿元）	消费额（亿元）	积累额（亿元）	消费额（%）	积累率（%）
"一五"时期	4122	3124	998	75.8	24.2
"二五"时期	5616	3884	1732	69.2	30.8
"调整"时期	3578	2767	811	77.3	22.7
"三五"时期	7785	5738	2047	73.7	26.3
"四五"时期	11054	7410	3644	67.0	33.0
"五五"时期	15024	10031	4993	66.8	33.2
"六五"时期	25908	17926	7982	69.2	30.8

转引自周树立《论改革开放前的中国经济发展战略》，《经济经纬》2003 年第 4 期。

其次，生产效率低下造成巨大的资源浪费。邓小平 1978 年在鞍山曾说，生产同样产量的钢铁，日本只需要四五万人，而鞍钢却需要 20 万人，生产效率低下问题使得改革迫在眉睫。根据世界银行的估计，1957—1982 年，中国国有企业的总要素生产率处于停滞或负增长状态。美国哈佛大学帕金斯也对中国经济增长中要素增长与生产率增长的贡献率进行了估计，结果表明，中国经济 1953—1976 年的平均增长率为 4.4%，其中劳动力、资本和生产率的增长所做的贡献分别为 1.8%、2.0% 和 0.6%，生产率提高对经济增长的贡献微乎其微。而创造了战后经济奇迹的日本与此正好相反，对经济增长贡献率最大的正是社会劳动生产率的不断提高。1950—1960 年，日本劳动生产平均增长率为 6.9%，1960—1973 年为 8.5%。在改革开放前，中国的经济增长几乎全部依赖劳动和资金投入对经济增长的促进，而制度、管理和技术创新等对经济增长的贡献率很小，劳动生产率和资本回报率都很低。①

"大跃进"实行高速度的赶超战略和工农业并举的全面增长战略，更是走了一条"高积累、高速度、低效率、低消费"的道路。1958 年比 1957 年增长 57%，工农业发展速度达到 32.3%，1959 年比 1958 年重工业产值的比重由 35.2% 上升到 43.8%，农业由 34.3% 下降到 25.1%；1960 年比 1959 年重工业总产值增长了 25.9%，粮食总产值下降到 12.6%。②

二 中国制度变迁的发展历程

自 1978 年改革开放以来，中国不断进行经济体制和政治体制改革与深化，经济平稳增长，逐渐建立起有序发展的市场经济，完善产权制度和法律法规，资源配置效率提高，激励机制的作用逐渐发挥出来，对外贸易发展迅速。

（一）市场经济体制建立阶段

自 1978 年 12 月党的十一届三中全会后，中国进行了一系列改革，重新审视计划与市场的关系，以及公有制和私有制并存等问题。这一时期的改革主要分为四个阶段。

1. 初步改革阶段（1978—1984 年）

1978 年 7—9 月，国务院提出了经济体制改革中计划与市场关系问题。1978 年底召开的党的十一届三中全会做出转移全党工作重点的同时，提出必须对经济体制进行改革，强调经济管理体制的一个严重缺点是权力过于集中，激励机制不够完善，因此应该大胆进行权力下放，让地方和工农业企业在国家统一计划的指导下有更多的经营管理自主权，提高积极性和主动性。

2. 改革逐步成熟阶段（1984—1988 年）

1984 年 10 月中国共产党召开十二届三中全会，做出了《关于经济体

---

① 周树立：《论改革开放前的中国经济发展战略》，《经济经纬》2003 年第 4 期。
② 同上。

制改革的决定》，系统提出并阐明了经济体制改革的重大理论和实践问题，首次突破了把计划经济同商品经济对立起来的传统观念，明确提出社会主义经济是"在公有制基础上的有计划的商品经济"，因此改变靠行政手段进行计划管理而忽略市场作用的状况，要充分运用经济杠杆并发挥市场调节的作用，还确定了经济体制改革的方向、性质和基本任务以及原则、措施等。从此中国开始了以城市为重点的全面经济体制改革。1987年底，在党的第十三次全国代表大会上，党中央又提出了建立计划与市场内在统一的体制，即由国家调控市场、市场引导企业的经济运行机制，从而使"有计划的商品经济"思想得到进一步深化。

3. 争论与反复阶段（1989—1991年）

在此期间，物价改革导致物价大幅度上涨，引发居民抢购商品的风潮；1989年发生"政治风波"，社会主义的生存面临着巨大的挑战。这些问题被归因于市场化改革，市场经济遭到怀疑。1990年12月24日，在党的十三届七中全会召开前夕，邓小平在同中央负责同志讲话时指出，资本主义与社会主义的区分不在于是计划还是市场这样的问题，计划和市场都得要，有力地批驳了反对市场化改革的错误论调。

4. 社会主义市场经济体制取代计划经济体制阶段（1992年以后）

1992年10月，党的十四大决议第一次明确提出中国经济体制改革的目标是建立社会主义市场经济体制，标志着计划经济体制从中国的历史舞台上逐渐退出。社会主义市场经济进入了逐步完善和成熟的时期。1993年11月，党的十四届三中全会将社会主义经济体制的目标具体化、系统化，阐明了社会主义市场经济的基本特征，使之成为中国建立社会主义经济体制的纲领。2003年10月，党的十六届三中全会做出了《关于进一步完善社会主义经济体制若干问题的决定》，提出了完善社会主义市场经济体制的七项主要任务，为社会主义市场经济的健康发展确定了下一步的发展方向。

不可否认，以国有制为主导，以公有制经济为主体的所有制结构，保证了中国经济发展的独立性，使中国得以避免在打开国门承接西方发达国家技术转移的过程中被边缘化，而非公有制经济则是公有制经济的必要补充。中国20世纪80年代以来的工业化进程主要体现为加工组装业的迅速增长，产业技术的进步表现为发达国家加工制造业技术向中国的大规模转移和扩散，使中国加工制造业生产能力迅速提高，产量大幅度增长。这一方面表现为中国在轻纺工业和家电工业等加工制造业领域已经有了一定的优势，另一方面表现为在一些高新技术领域中国已拥有了一些自主创新的成果，在第三代移动通信领域，中国也提出了自己的四套标准。这说明，中国经济转型第一阶段的任务已基本完成，以公有制为主体、多种所有制经济共同发展的社会主义市场经济体制已经确立，混合经济中的所有制结构已基本得到优化。

（二）深化体制改革阶段

从1992年社会主义市场经济目标的确立到中国加入WTO，是中国经济转型的中期阶段，更是中国深化体制改革的关键时期。这一时期，社会主义市场经济的改革目标得到确立，以建立社会主义市场经济的基本框架为目标的企业、财税、金融、外汇、社会保障体制的改革取得了突破性进展，市场机制的基础作用逐步确立。

如前所述，本书旨在探讨与国际贸易有关的主要制度因素，因此，本章对中国制度变迁与对外贸易关系的探讨，也将制度变迁的重点放在产权制度和合约实施制度的变迁两个方面。与其他国家的制度变迁类似，制度的供给既可以来自本国在社会、经济、政治、文化领域的不断实践和积累，也可以来自对世界其他国家优越制度的借鉴与引进。尤其是在全球化时代，国内的改革与对外部世界的开放，是一个硬币的两面。没有对外开放，就不可能有真正的国内改革；而彻底的国内改革，必然要求全面的对外开放。对于欠发达国家来说，不仅需要跨国公司和外国的雄厚资本与先进科技，而且需要它们先进的管理制度和思想观念。国内政治经济的改革，在很大程度上可以说，就是向发达国家学习先进的观念、科技、文化和制度。

1. 产权制度变迁

诺斯（1987，1991）认为，经济增长的关键是社会存在着有效率的经济组织，有效率的经济组织的产生需要国家在制度上做出安排并明确产权，以便对人的经济活动形成一种激励。能够产生激励的产权是具有竞争性和排他性的产权，这种产权结构能够使创新的个人收入与社会收益趋于一致，因此是激励的源泉。

由此可见，诺斯将私有产权和激励紧密联系在一起，而中国传统中央计划经济体制的突出弊端就是缺乏有效的正向激励。虽然传统的马克思主义并不否认激励，甚至传统的计划经济理论也非常重视激励问题，但是这种理论忽视了社会上普遍存在的"搭便车"行为，而这种"搭便车"行为是导致公共产权效率低下的根本原因。中国的改革一开始就从建立激励机制入手，把个人和组织的利益与贡献联系起来，如农村实行联产承包责任制，对国有企业实行放权让利，并进一步实行承包制等。但这些措施没有触动"搭便车"行为的形成根源，更没有从根本上解决"搭便车"的问题。要从根本上避免"搭便车"行为，就必须确定产权，完善产权制度，对产权进行有效的保护，从而使经济组织的行为更有效率。根据诺斯的理论，建立有效产权的目的是使创新的个人收益率与社会收益率相等，而要实现这一目标，就必须使产权具有竞争性和排他性。竞争性和排他性产权的最好形式就是私有产权。它可以使资源的使用权、转让权以及收入的享用权集中于同一主体。

中国的产权改革是从农村包产到户、自留地在1978年得到合法承认开始的，它意味着从传统的全盘公有化体制里，清楚地划出了一条农户私人权利的界线。党的十一届三中全会公报提出，要"多方面改变同生产力发展不相适应的生产关系和上层建筑，改变一切不相适应的管理方式、活动方式和思想方式，因而是一场广泛、深刻的革命"[①]。

周其仁（2009）认为，中国的产权制度变迁是分为四个层面展开的：第一，将公有制通过承包合约把行为的权利重新界定到个人，使个人拥有使用权，比如农业承包、工商业承包等；第二，从使用权演变为转让权、定价权、喊价权和还价权，真正启动市场经济；第三，重新承认"生产资料"的私人所有权，如对人力资本、企业家才能等生产性资源的合法拥有权；第四，允许私人产权在自愿互利前提下通过合约组成新的"公司"，即股份制改革，形成新生产力的权利安排。

产权制度的变迁表现为产权结构的变化。自中国改革开放以后，国有企业和非国有企业的比重及其在经济中的作用已经发生了根本性的改变。在过去的20年里，中国国有企业的份额大大下降，逐渐形成了一个以市场需求为导向的"非国有经济"，包括民营和私营企业、股份公司、中外合资和外商合资、合作经济和各种形式的集体经济等。据世界银行估算，1998年，中国GDP中各种所有制企业的比重，国有为37%，集体为

[①] 转引自周其仁《一部未完成的产权改革史》，《经济观察报》2009年1月19日。

12%，私营为24%，外资为6%；"非国有经济"带来了95%以上的新增就业和80%的经济增长。到2007年底，中国民营经济约占国民生产总值的50%、非农就业的70%、税收的30%—40%[①]，产权改革的广度和深度不断发生着变化，给中国经济发展注入了新的活力。但随着渐进式改革不断碰触到那些权利难以界定或者改革难点的实际问题，如农地征用、矿产开采权、山林经营权以及政府本身体制改革等问题，由于都存在着产权难以界定的难题，故在改革中更加需要拥有合法强制力的国家的介入。

中国加入WTO，进一步促进了中国所有制结构的变迁，其中受冲击最大的是一些受国家保护的垄断性行业和企业。它们大多为国有经济成分，如基础领域和金融业。因此，中国加入WTO，使得不同产权主体的待遇逐渐平等化。根据中国加入WTO的需要，政府对外企管理的基本原则应该是国民待遇原则，表明政府对不同经济成分在法律、法规等方面一律平等，因此，加入世界贸易组织前对外资企业的"低国民待遇"和"超国民待遇"以及对民营企业的"低国民待遇"都应予以取消。

党的十六大报告指出，产权是所有制的核心和主要内容，要完善保护私人财产的法律制度。中国于1984年颁布的《中共中央关于经济体制改革的决定》，于1993年颁布的《中共中央关于建设社会主义市场经济体制若干问题的决定》，于2003年颁布的《中共中央关于完善社会主义市场经济体制若干问题的决定》，分别就经济体制、所有制以及农村改革、法律制度等方面提出了改革措施和界定（如表6—2所示）。2001年3月15日，九届全国人大四次会议批准的《中华人民共和国国民经济和社会发展第十个五年计划纲要》也明确提出："凡是对外资开放的领域，内资均可进入。依法保护各种所有制企业的合法权益。"政府努力创造不同所有制性质的企业平等取得生产要素的政策环境，打破非公有制企业市场准入的制度障碍。

中国产权制度的变迁还突出表现在知识产权保护制度的变迁上。知识产权是法律赋予知识产权所有人对其创造性智力成果所享有的专有权利。1474年，世界第一部专利法在威尼斯诞生之后，西方诸国陆续将知识产权纳入宏观产权制度规范的框架。第二次世界大战以后，世界各国都在法律中增加了保护知识产权的内容，形成了一个庞大而又全面的制度体系。

---

① 周其仁：《一部未完成的产权改革史》，《经济观察报》2009年1月19日。

在多边贸易体制中，建立与贸易有关的知识产权国际保护机制是为了减少国际贸易中由知识产权引起的扭曲和障碍，促进有效而充分地保护知识产权以及国际贸易的健康稳定发展。

表6—2　　　　　三个关于经济体制改革文件的内容比较

内容	《中共中央关于经济体制改革的决定》	《中共中央关于建设社会主义市场经济体制若干问题的决定》	《中共中央关于完善社会主义市场经济体制若干问题的决定》
时间	1984年	1993年	2003年
会议名称	中央委员会十二届三次会议	中央委员会十四届三次会议	中央委员会十六届三次会议
具体条款数量	8	9	11
关于经济体制	建立自觉利用价值规律的计划体制，发展社会主义商品经济（第二项）	培育和发展市场体系（第二项）	完善市场体制、规范市场秩序（第四项）
关于所有制	积极发展多种经济形式（第六项）	没有专门条款提到	巩固和发展公有制经济，鼓励、支持和引导非公有制经济发展（第一项）
关于国有企业	增强企业活力（第一项）；实行政企分开（第四项）	转换国有企业经营机制，建立现代企业制度（第二项）	完善国有资产管理体制、深化国企改革（第二项）
关于对外开放	进一步扩大对外的经济技术交流（第六项）	深化对外经济体制改革，进一步扩大对外开放（第六项）	深化涉外经济体制改革，全面提高对外开放水平（第七项）
关于分配制度	建立多种形式的经济责任制，认真贯彻按劳分配原则（第五项）	建立合理的个人收入分配和社会保障制度（第四项）	推进就业和分配体制改革，完善社会保障体系（第八项）
关于农村改革	无	深化农村经济改革（第五项）	完善农村经济体制（第三项）
关于经济管理	正确发挥政府机构管理经济的职能（第四项）；起用一代新人，造就一支社会主义经济管理干部的宏大队伍（第七项）	转变政府职能，建立健全宏观经济调控体系（第三项）	改善宏观调控，加快转变政府职能（第五项）

续表

内容	《中共中央关于经济体制改革的决定》	《中共中央关于建设社会主义市场经济体制若干问题的决定》	《中共中央关于完善社会主义市场经济体制若干问题的决定》
关于法制建设	无	加强法律制度建设（第八项）	完善经济法律制度（第十项）
关于党的领导	加强党的领导（第八项）	加强和改善党的领导（第九项）	加强和改善党的领导（第十一项）
其他配套改革	（1）建立价格体系（第一项）	（1）改革科技体制和教育体制（第七项）	（1）完善财税改革，深化金融改革（第六项）；（2）深化科技教育卫生体制改革，提高国家创新能力和国民整体素质（第九项）；（3）深化行政管理体制改革

资料来源：俞可平、黄品等主编：《中国模式与"北京共识"：超越"华盛顿共识"》，社会科学文献出版社 2006 年版，第 351—352 页。

中国对知识产权的保护意识一直不是很强，对知识创新的鼓励机制也不完善。在争取加入 WTO 的大背景下，中国在 1993 年 1 月向世界知识产权组织递交了《保护录音制品制作者 防止录音制品被擅自复制公约》加入书，同年 4 月正式成为该公约的成员国；1993 年 9 月向世界知识产权组织递交了《专利合作条约》加入书，1994 年 1 月正式成为该公约的参加国；1994 年 8 月，中国成为《商标注册用商品和服务国际分类尼斯协定》成员国；1995 年参加了《国际承认用于专利程序的微生物保存布达佩斯条约》；1996 年参加了《国际专利分类斯特拉斯堡协定》；中国还积极参加关贸总协定乌拉圭回合的谈判，在《与贸易有关的知识产权协议》上签了字。中国新修订了《商标法》《专利法》，2001 年 10 月 1 日开始施行《半导体集成电路布图设计保护条例》，标志着中国的知识产权制度已经与国际规则全面接轨，并取得了较好的成效。

2. 合约实施的制度变迁

中国在国际贸易领域合约实施的制度变迁，可以以加入世界贸易组织为分界线分为两个阶段。

第一阶段，国内对外贸易领域合约实施的制度变迁。1994年5月21日，第八届全国人民代表大会常务委员会第七次会议通过了《中华人民共和国对外贸易法》，并于同年7月1日正式实行，以法律的形式确定了对外贸易的制度和原则，为中国对外贸易的发展提供了法律保障，也为进一步发展、制定各种法律、法规奠定了基础，被称为中国对外贸易的母法。在维护对外贸易秩序方面，1997年3月25日，中国又颁布了《中华人民共和国反倾销和反补贴条例》，使中国反倾销、反补贴制度进一步法制化、规范化。

第二阶段，与WTO贸易规则相统一协调的合约实施的制度变迁。WTO是世界上唯一处理国（地区）与国（地区）之间贸易规则的国际组织，其核心是WTO协议（即关贸总协定乌拉圭回合谈判一揽子协议）。这些协议是世界上大多数贸易国通过谈判签署的，为国际贸易、投资活动提供了基本的法律规则，其本质即为契约，以约束各国政府将其贸易政策限制在一定的范围内。[①] WTO协定贯穿了世界贸易组织的主要基本原则，即非歧视原则、贸易自由化原则、透明度原则、市场准入原则及公正、平等处理贸易争端原则，这些原则都是通过各成员加入时的承诺以及各成员的国内立法来实现的，而实现的过程就需要由行政法来保障。有学者从行政法的角度分析了《WTO协定》的结构框架（如表6—3所示）。

加入世界贸易组织后，中国政府要使本国经济和社会生活的组织与管理方式更多地与国际惯例接轨，就应该全面改革和完善国内的法律体系，使之与国际法律与惯例相适应，以保证国际经济交往合作的合约得到有效实施。毋庸讳言，目前中国许多国内法律在一些领域都与WTO规则体系存在着较大差距甚至经常发生冲突。这些问题不仅表现在具体法律制度与相关WTO规则的不一致上，还表现在中国法律在某些方面的立法空白上。比如，中国在对外贸易体制、知识产权保护、行政法规等领域制度存在着与WTO规则相冲突的问题，造成加入WTO后与所承担的国家义务不符，往往引起其他WTO成员与中国发生贸易争端；中国在金融服务、政府采购、反垄断以及技术标准等方面存在着法律缺失，不利于中国经济

---

① 世界贸易组织秘书处编：《贸易走向未来：世界贸易组织概要》，张江波等译，法律出版社1999年版，第1、22页。

的健康发展和国家权益的保护。

表 6—3 《WTO 协定》的行政法结构

所属类别	法典名称

行政实体法与
行政程序法
	附件 1
	    附件 1A：《货物贸易多边协议》
	    附件 1B：《服务贸易总协定》
	    附件 1C：《与贸易有关的知识产权协定》
	    附件 4：《诸边贸易协议》

行政诉讼法	附件 2：《关于争端解决规则与程序的谅解》
违宪审查法	附件 3：《贸易政策审议机制》

资料来源：转引自顾卫平《中国对外贸易战略性进展研究》，上海人民出版社 2007 年版，第 276 页。

2002 年 1 月 1 日，以 WTO 各项相关规定为基础制定的《反倾销条例》和《反补贴条例》以及《中华人民共和国保障措施条例》开始实施，充分体现了中国法律法规与 WTO 规则的接轨。在加强贸易管理方面，《中华人民共和国货物进出口管理条例》和《中华人民共和国技术进出口管理条例》于 2002 年 1 月 1 日起实施，为货物进出口贸易制度的进一步改革、技术进出口法规管理体系的进一步完善提供了法律依据。在规范服务贸易方面，中国相继颁布了《中华人民共和国电信条例》《外国律师事务所驻华代表机构管理条例》《外资金融机构管理条例》《外资保险公司管理条例》及《保险法》，使中国在国际服务贸易领域的法律、法规不断完善。随着中国加入 WTO，1994 年《中华人民共和国对外贸易法》体现出很多与 WTO 原则相违背的地方，2004 年 4 月 6 日，十届全国人大委员会第八次会议通过了修订后的新《中华人民共和国对外贸易法》，标志着中国涉及外贸领域的基本法与 WTO 规则进行全面接轨。随后国务院根据新的《中华人民共和国对外贸易法》颁布了修订的《进出口关税条例》《货物进出口管理条例》《技术进出口条例》《反倾销条例》《反补贴条例》和《保障措施条例》以及相关规章制度，初步构建了货物贸易领域的法律框架。至 2000 年底，中国一共审查了 1400 多部法律、法规以及类似的文件，其中包括 6 部法律（其中 5 部被修改)、164 条国务院法规（其中 114 条将要被废止、25 条被修改）、887 条部委规章（其中 459 条将要被废除、95 条被修改）、191 个双边贸易条约、72 个双边投资协定以及 93 个税收协定。这些法律法规的实施、修订，标志着中国对外贸易法制建设的日趋完善，标志着中国对外贸易法制建设进入了一个新阶段。

(三) 近年来的公共治理水平

经过三十余年的改革开放和制度变迁，中国国有经济改革的任务仍然比较繁重，双重体制的摩擦仍然较为严重。在经济发展过程中，城乡、区域和不同阶层收入差距不断扩大，贫富两极分化问题凸显，资源短缺与需求呈现不足。在经济的市场化和货币化日益发展的同时，还存在着一些突出的问题，如三农问题、官僚腐败、司法体系不健全、银行体系监管效率低下和资本金坏账、股市和债券市场违规操作及其有关问题的治理结构，还有资本市场开放、政府转移支付及社会保障体系的建立，以及缺乏科技创新和知识产权保护等问题。这些问题都影响着中国进一步拓展世界市场以及对外贸易利益的分配。

表 6—4 给出了世界银行公布的《全球治理指标报告》（2009 年）中中国 1996—2008 年"政府效率"、"监管质量"、"法治"和"腐败控制"四项主要公共治理指标。图 6—1 给出了中国四项 WGI 指标的变动趋势。

表 6—4　　　　　中国 1996—2008 年主要 WGI 指标

WGI 指标	1996	1998	2000	2002	2003	2004	2005	2006	2007	2008
政府效率	0.11	-0.30	-0.06	-0.01	-0.09	-0.05	-0.12	0.06	0.19	0.24
监管质量	0.15	-0.26	-0.28	-0.52	-0.39	-0.29	-0.26	-0.33	-0.24	-0.22
法治	-0.22	-0.36	-0.43	-0.37	-0.44	-0.36	-0.41	-0.48	-0.45	-0.33
腐败控制	-0.08	-0.31	-0.22	-0.41	-0.37	-0.58	-0.67	-0.53	-0.61	-0.44

资料来源：世界银行 2009 年《全球治理指标报告》。

整体来讲，根据西方社会权威机构的评价，中国在政府治理上的水平仍然较低，1996—2008 年，除"政府效率"在 2006 年后由负值变为正值外，其他指标仍为负值。"政府效率"评价有较明显的提高。"监管质量"和"法治"指标有波动，但变动不大，一般介于 -0.20 和 -0.50 之间。

值得关注的是"腐败控制",该指标呈现出下降趋势,虽然中国政府多年来致力于整治各项腐败现象,但收效不大。

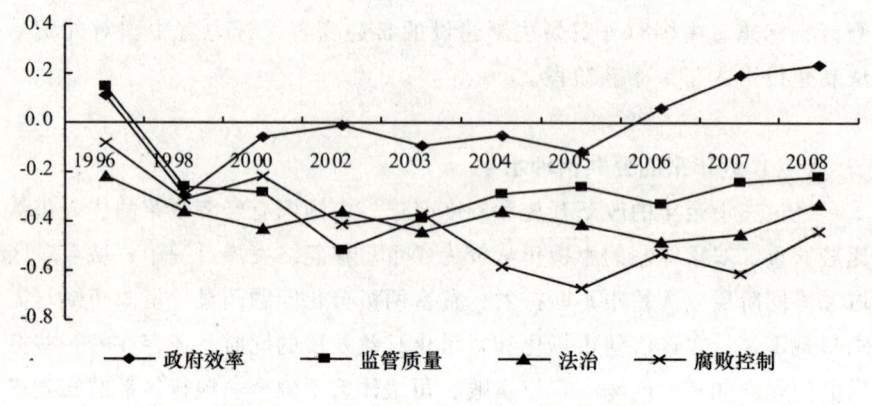

图 6—1　中国 1996—2008 年主要 WGI 指标

根据透明国际公布的清廉指数,中国 1995 年得分为 2.16,2001 年得分为 3.15,2003 年得分为 3.4,2004 年得分为 3.4,2009 年得分为 3.6(排名 79),2010 年得分为 3.5(排名 78)。这些分值使中国被列入严重腐败国家。不可否认,这些指标在制定过程中夹杂着由不同的衡量标准和文化习俗等方面的差异所导致的偏差,但它也在一定程度上表明,制度变迁过程中滋生的腐败现象必定会成为经济增长与对外贸易质量提升的障碍。

三　中国对外贸易的发展

随着中国社会主义市场经济体制改革的不断推进以及相关法律法规的不断完善,对外贸易取得了举世瞩目的成就,与世界上多数国家开展了广泛的经济合作与交流。对外贸易无论在规模上还是在结构上,都发生了巨大的变化,进出口贸易差额由负变正,对外贸易成为推动中国经济发展的重要因素。中国对外贸易的发展情况可详见表 6—5。

表 6—5　　　　　1978 年以来中国对外贸易概况　　　　（亿美元;%）

年份	进出口 金额	进出口 年增长率	出口额 金额	出口额 年增长率	进口额 金额	进口额 年增长率	贸易差额
1978	206.4	--	97.5	--	108.9	--	-11.4
1979	293.4	42.2	136.6	40.1	156.8	44.0	-20.2
1980	378.2	28.9	182.7	33.7	195.5	24.7	-12.8
1981	440.3	16.4	220.1	20.5	220.2	12.6	-0.1
1982	416.1	-5.5	223.2	1.4	192.9	-12.4	30.3
1983	436.2	4.8	222.3	-0.4	213.9	10.9	8.4
1984	535.5	22.8	261.4	17.6	274.1	28.1	-12.7
1985	696.0	30.0	273.5	4.6	422.5	54.1	-149.0
1986	738.4	6.1	309.4	13.1	429.0	1.5	-119.6
1987	826.6	11.9	394.4	27.5	432.2	0.7	-37.8
1988	1027.9	24.4	475.2	20.5	552.7	27.9	-77.5
1989	1116.8	8.6	525.4	10.6	591.4	7.0	-66.0
1990	1154.4	3.4	620.9	18.2	533.5	-9.8	87.4
1991	1357.0	17.6	719.1	15.8	637.9	19.6	81.2
1992	1655.3	22.0	849.4	18.1	805.9	26.3	43.5
1993	1957.0	18.2	917.4	8.0	1039.6	29.0	-122.2
1994	2366.3	20.9	1210.1	31.9	1156.2	11.2	53.9
1995	2808.6	18.7	1487.8	22.9	1320.8	14.2	167.0
1996	2898.8	3.2	1510.5	1.5	1388.3	5.1	122.2
1997	3251.6	12.2	1827.9	21.0	1423.7	2.5	404.2
1998	3239.5	-0.4	1837.1	0.5	1402.4	-1.5	434.7
1999	3606.3	11.3	1949.3	6.1	1657.0	18.2	292.3
2000	4742.9	31.5	2492.0	27.8	2250.9	35.8	241.1
2001	5096.5	7.5	2661.0	6.8	2435.5	8.2	225.5
2002	6207.7	21.8	3255.7	22.3	2952.0	21.2	303.7
2003	8512.1	37.1	4383.7	34.6	4128.4	39.9	255.3
2004	11547.4	35.7	5933.6	35.4	5613.8	36.0	319.8
2005	14221.2	23.2	7620.0	28.4	6601.2	17.6	1018.8
2006	17606.9	23.8	9690.8	27.2	7916.1	19.9	1774.7
2007	21738.4	23.5	12180.2	25.7	9558.2	20.7	2622.0

续表

年份	进出口 金额	进出口 年增长率	出口额 金额	出口额 年增长率	进口额 金额	进口额 年增长率	贸易差额
2008	25616.4	17.8	14285.5	17.3	11330.9	18.5	2954.6
2009	22072.6	-13.8	12016.6	-15.9	10056.0	-11.3	1960.6
2010	29727.6	34.7	15779.3	31.3	13948.3	38.7	1831.0

资料来源：历年《中华人民共和国海关统计年鉴》。

中国于2001年12月正式成为WTO成员，对外贸易迅速增长，除2009年受全球金融危机影响，进出口出现较大幅度下降外，大多数年份都以20%以上的增长率增长。

2007年，中国货物与服务贸易实际增长率高达21.7%，在WTO成员中排行第三，进出口增长率均超过20%。其中，出口增长率在过去10年里一直保持着20%以上的增长率，进口增长率也由于国内需求的上升而开始提高，这一趋势使得中国贸易差额开始减小。中国在世界贸易中所占份额为11%，为世界最高。服务出口增长迅速，占全国出口总量的8.2%。工业制成品出口占商品出口额的84.3%，中国主要的出口品是办公机械以及零部件、玩具等。2005—2006年，美国和欧盟是中国的主要出口市场，各占中国总出口量的大约1/5；其次是中国香港、日本和韩国。进口品主要来自日本、韩国、欧盟和美国。中国的贸易顺差在近年来急剧增多，截至2007年年底，约为2620亿美元，占GDP的比重高达7.8%。电子、机械、钢铁、纺织品、服装以及有机化工品等出口增长较快。资本货物以及零部件也有较明显的上升，占出口总值的40%以上，而劳动密集型消费品的份额有所下降。高科技产品出口占总出口的比重略低于40%，进口则超过50%。

中国对外贸易在全球的排名，从2004年开始就上升到仅次于美国和德国的全球第三位，占世界贸易总额的比重，也从2002年的4.7%上升到2006年的7.2%。国家统计局2010年10月初发布的数据显示，中国进出口贸易持续快速增长，进出口贸易总额在世界上的排名不断提升，已经稳居第三位。2003—2006年，中国货物进出口连续4年呈快速增长，年均增长29.8%，其中出口增长31.3%，进口增长28%，是历史上发展最为迅速的时期。2010年进出口总额已达到创纪录的29727.6亿美元，比

2009年增长34.7%。其中出口15779.3亿美元，增长31.3%，进口13948.3亿美元，增长38.7%；贸易顺差为1831亿美元，减少6.4%。与此同时，中国贸易顺差与进出口总值的比例从2008年的11.6%下降到2009年的8.9%，2010年进一步下降至6.2%，对外贸易总体朝着基本平衡的方向发展。[①]

四 实证分析

（一）建立模型与数据说明

为了研究两国制度发展水平对双边贸易合作的影响，本书建立了双边贸易的重力引力模型。鉴于制度发展水平对于进出口贸易的影响可能存在着差异，在因变量的选择上进行了出口值、进口值和进出口总值的细分，分别如模型一、模型二、模型三所示。模型中的变量含义及数据来源详见表6—6。

根据数据的可得性，本书样本包括135个国家，并根据2010年的人类发展指数将这些国家分为四类，最发达国家（35个）、比较发达国家（30个）、发展中国家（36个）和最不发达国家（34个），以考察不同制度国家之间的差异。考虑到中国于2001年年底正式加入WTO，且贸易双方是否为WTO成员对双边贸易有较大的影响，对每组样本进行考察时都分成两组，即考虑WTO成员因素和不考虑WTO成员因素两种情况。

模型一：

$$\ln EXP_{it} = \alpha\ln GDP_{it}^{for} + \beta\ln GDP_{it}^{dom} + \gamma\ln D_{it}^{for-dom} \\ + \eta_1 GEF_{it} + \eta_2 QOS_{it} + \eta_3 LAW_{it} + \eta_4 CFC_{it} + N + \mu_{it} \quad (6—1)$$

模型二：

$$\ln IMP_{it} = \alpha\ln GDP_{it}^{for} + \beta\ln GDP_{it}^{dom} + \gamma\ln D_{it}^{for-dom} \\ + \eta_1 GEF_{it} + \eta_2 QOS_{it} + \eta_3 LAW_{it} + \eta_4 CFC_{it} + N + \mu_{it} \quad (6—2)$$

模型三：

[①] 历年《中华人民共和国海关统计年鉴》。

152　制度与制度变迁对国际贸易的影响

$$\ln TTP_{it} = \alpha \ln GDP_{it}^{for} + \beta \ln GDP_{it}^{dom} + \gamma \ln D_{it}^{for-dom} \\ + \eta_1 GEF_{it} + \eta_2 QOS_{it} + \eta_3 LAW_{it} + \eta_4 CFC_{it} + N + \mu_{it} \quad (6-3)$$

表6—6　　　　　　　　　变量含义及数据来源

变量名称	含义	数据来源或数据说明
i	国家	本样本中 i 取值为1—135
t	时间	1998—2008年
EXP（万美元）	出口额	联合国COMTRADE（商品贸易统计）数据库
IMP（万美元）	进口额	联合国COMTRADE（商品贸易统计）数据库
TTP（万美元）	进出口总额	联合国COMTRADE（商品贸易统计）数据库
GDP^{for}	贸易伙伴国的GDP	联合国 http://stats.unctad.org/handbook/tableviewer
GDP^{dom}	中国GDP	联合国 http://stats.unctad.org/handbook/tableviewer
$D^{for-dom}$	两国距离	两国首都间的球面距离，www.geobytes.com距离计算器
GEF	政府效率	世界银行《世界公共治理指标》（2009年）；反映公共服务质量、政策执行力以及政府承诺的可信程度等
QOS	监管质量	世界银行《世界治理指标报告》（2009年）；反映政府提供良好政策和监管制度的能力
LAW	法治	世界银行《世界治理指标报告》（2009年）；反映财产权、治安和司法等的质量
CFC	腐败控制	世界银行《世界治理指标报告》（2009年）；反映腐败行为对商业环境的影响以及精英集团控制国家、参与掠夺国家财富的倾向等
N	虚拟变量	是否同为WTO成员

（二）模型结果

在估计动态面板回归模型时需要注意如下两个问题：一是由于解释变量中含有被解释变量的滞后值和不可观测的个体效应，如果在动态面板回归方程中去掉个体效应会导致最小二乘法（OLS）估计结果的有偏和非一致。二是解释变量的内生性问题。由于变量之间可能存在潜在的内生性问题，运用固定效应和随机效应得到的估计结果可能是有偏的，因此本书采用近几年来发展起来的广义矩方法（GMM）进行相关估计。System GMM估计参数的一致性依赖于残差项不存在序列相关以及工具变量是有效的假设条件,这可通过 Arellano 等人给出的 Sargan/Hansen 过度识别检验和残差序列相关检验进行判断。

表 6—7、表 6—8 和表 6—9 是分别采用 System GMM 法对模型一、模型二和模型三运行的结果,相关的统计检验结果均是令人满意的,Sargan 检验没有拒绝方程满足过度识别的约束条件,AR(2)检验也没有拒绝残差不存在二阶序列相关的零假设。

表 6—7　　　　　　　　　　　被解释变量 $\ln EXP$

解释变量	135 个国家纵向比较		135 个国家横向分类比较			
	不考虑 WTO 规则	考虑 WTO 规则	最发达国家（35 个）	比较发达国家（30）	发展中国家（36）	不发达国家（34）
$\ln GDP^{for}$	2.478856*** (12.30)	0.3570706*** (3.80)	0.4036474*** (8.22)	1.678543*** (15.46)	0.2776848*** (6.59)	0.3289733*** (4.80)
$\ln GDP^{dom}$	1.170626*** (7.09)	0.1885349** (2.41)	0.3658277*** (3.63)	2.205813*** (11.08)	0.275466** (2.49)	0.2575436*** (4.41)
$\ln D^{for-dom}$	-13.98068*** (-3.07)	-1.304758*** (-4.56)	-2.445126*** (-6.14)	-1.823026*** (-7.59)	-0.6379573*** (-3.61)	-1.410724*** (-5.99)
GEF	-0.0483499 (-0.98)	-0.0550097 (-1.05)	0.088366*** (5.78)	0.1070012* (1.93)	0.0254639 (0.99)	-0.150302*** (-2.61)
QOS	0.1460731** (2.18)	-0.2486382** (-2.46)	0.014119 (0.30)	0.5448135*** (5.61)	0.254624*** (3.20)	-0.391943*** (-5.25)
LAW	0.0759055** (2.34)	0.1053246*** (2.75)	0.0703939*** (4.58)	0.2492809*** (2.87)	-0.1387407** (-2.27)	0.3606429*** (6.52)
CFC	-0.0046059** (-2.06)	-0.0057835** (-2.07)	0.3182702*** (5.71)	-0.048688 (-0.53)	0.1992423* (1.73)	-0.0041159 (-1.39)
N	0.1488917*** (6.04)					
AR(1)	0.0001	0.0000	0.0246	0.0035	0.0373	0.0067
AR(2)	0.3311	0.3018	0.4007	0.6243	0.6308	0.2198
Sargan-P	0.2466	0.4308	0.7013	0.6360	0.7225	0.7826

注:每个解释变量的系数下方括号内为其"该系数显著异于 0"的 t 检验统计值,*表示在 10% 的显著水平上拒绝原假设,**表示在 5% 的显著水平上拒绝原假设,***表示在 1% 的显著水平上拒绝原假设。

154　制度与制度变迁对国际贸易的影响

模型一的被解释变量是中国向四组国家的出口，运行结果如表 6—7 所显示的，中国向四组国家的出口与进出口国的 GDP 成正比，与进出口之间的距离成反比。可以看出，最发达国家和比较发达国家经济总量大小对中国出口的影响高于欠发达国家经济总量的影响，发达国家 GDP 每增加 1 个百分点，中国对之出口增长 0.40 个百分点，比较发达国家 GDP 每

表 6—8　　　　　　　　　　被解释变量 $\ln IMP$

解释变量	135 个国家纵向比较 不考虑 WTO 规则	135 个国家纵向比较 考虑 WTO 规则	最发达国家 (35 个)	比较发达国家 (30)	发展中国家 (36)	不发达国家 (34)
$\ln GDP^{for}$	0.4934762** (2.15)	0.6064672** (2.47)	0.1159157* (1.89)	0.1287311** (2.19)	0.1894788* (1.90)	0.4175143*** (5.61)
$\ln GDP^{dom}$	0.6087195*** (4.32)	0.5911049*** (4.15)	0.1986354*** (4.59)	0.6237163*** (5.95)	0.4992078*** (3.30)	0.0947731* (1.84)
$\ln D^{for-dom}$	-2.821146*** (-4.59)	-3.02295** (-4.83)	-0.4429712*** (-2.66)	-1.572811*** (-4.91)	-0.781014* (-1.72)	-0.4704824** (-2.21)
GEF	0.3027042*** (3.12)	0.2899068*** (3.07)	0.0348175 (0.35)	0.305386*** (9.95)	0.6313536*** (12.84)	-0.7541229*** (-3.88)
QOS	-0.052853 (-0.45)	0.1567159 (1.50)	0.3643818*** (4.77)	0.0870309 (1.01)	0.0897309 (0.75)	-0.3306398* (-1.91)
LAW	-0.0692343 (-0.90)	0.0104402 (0.17)	0.0330659 (1.49)	0.4229144*** (2.64)	-0.5139202** (-1.94)	-0.1321394 (-1.21)
CFC	-0.0154185 (-1.38)	-0.0148745 (-1.38)	-0.1798593** (-2.32)	0.0039242 (0.02)	0.8974456*** (3.40)	-0.0245432 (-1.55)
N	0.021575*** (3.09)					
AR(1)	0.0000	0.0000	0.0035	0.0070	0.0014	0.0064
AR(2)	0.8753	0.8781	0.1308	0.4955	0.9242	0.4896
Sargan-P	0.5356	0.5773	0.9730	0.2789	0.2231	0.3062

注：每个解释变量的系数下方括号内为其"该系数显著异于 0"的 t 检验统计值，* 表示在 10% 的显著水平上拒绝原假设，** 表示在 5% 的显著水平上拒绝原假设，*** 表示在 1% 的显著水平上拒绝原假设。

增加 1 个百分点，中国对之出口增长 1.67 个百分点。进出口国之间的距离越远，中国的出口越少，在现代科技水平的支撑下，运输成本大幅度降低，国家间的距离对双边贸易的阻碍作用不再主要体现为运输成本，而是距离带来的风俗、文化不同所导致的需求差异。向发达国家、较发达国家和发展中国家的出口与政府效率、监管、法治以及腐败控制指标基本上呈正向变动关系，但向最不发达国家的出口仅有法治一项呈正向变动，其他都呈反向变动，这突出地表明不同发展水平国家的制度对双边贸易的影响也存在着差异。发达国家各项制度发展较为完善，市场运行相对有序、法律法规健全，监管相对合理，对双边贸易起着正向促进作用，其中，进口国腐败控制指标对于中国的出口影响尤为突出。不发达国家的制度状况对中国的出口呈现与理论不相符合的结果，表明这类国家的各项制度并没有发挥实际作用以促进资源优化配置，对经济活动不能进行有效监管和规范，政府效率低下以及腐败盛行阻碍了这些国家利用国际分工和国际市场获取更多的贸易利益。

模型二的被解释变量是中国从四组国家的进口，运行结果如表 6—8 所显示的，中国从四组国家的进口与进出口国的 GDP 成正比，与进出口之间的距离成反比，这一运行结果同中国的出口情况是一致的，符合重力模型的基本理论。另外可以看到，中国 GDP 总量对中国的进口影响比较突出，但从不发达国家的进口并未遵循这一规律，表明中国与这一类国家的贸易不受进口国 GDP 的影响。同模型一的运行结果相似，除了不发达国家四项治理指标系数均呈负数外，其他三类国家的系数基本上是正值，表明这三类国家制度方面的改善有利于中国的进口。

模型三的被解释变量是中国的进出口总值，运行结果如表 6—9 所示。运行结果与模型一和模型二的趋势基本一致，表明本模型中所涉及的自变量对中国出口、进口以及进出口的影响方向并没有明显差异。综合而言，在双边贸易中，贸易规模与交易双方的经济总量成正比，与两国间距离成反比；交易国制度水平对双边贸易额有较明确的影响方向，发达的市场经济国家制度相对完善，对双边贸易起促进作用。

156 制度与制度变迁对国际贸易的影响

表 6—9 被解释变量 $\ln TTP$

解释变量	135 个国家纵向比较		135 个国家横向分类比较			
	不考虑 WTO 规则	考虑 WTO 规则	最发达国家 (35 个)	比较发达国家 (30)	发展中国家 (36)	不发达国家 (34)
$\ln GDP^{for}$	1.874563 *** (8.38)	0.8250852 *** (4.73)	0.4036474 *** (6.49)	0.4101036 *** (3.82)	0.60091 *** (5.86)	0.1791589 (2.08)
$\ln GDP^{dom}$	0.6492732 *** (3.47)	0.4062187 *** (2.91)	0.3181011 *** (5.09)	0.2224385 *** (4.48)	0.5841108 *** (4.49)	1.298608 *** (10.77)
$\ln D^{for-dom}$	-12.46868 *** (-2.47)	-3.056307 *** (-7.27)	-1.766819 *** (-5.38)	-1.517129 *** (-6.32)	-2.97989 *** (-8.27)	-3.024221 *** (-6.63)
GEF	-0.0695142 (-1.27)	-0.0328158 (-0.56)	0.2554969 *** (10.93)	0.2631668 *** (5.51)	0.0245436 (0.45)	-0.1201711 (-1.29)
QOS	0.1638485 ** (2.21)	-0.1124898 (-1.39)	0.142696 *** (3.23)	-0.0920569 ** (-2.01)	0.1815973 (1.56)	-0.109458 (-1.10)
LAW	0.0862886 ** (2.42)	0.0583875 (1.37)	0.0624128 ** (2.72)	0.1389237 ** (2.45)	0.1831668 ** (2.63)	0.303343 *** (9.33)
CFC	-0.0074168 *** (-3.02)	-0.004766 * (-1.94)	-0.0708392 (-1.47)	0.4373676 *** (5.34)	-0.2589666 * (-1.90)	-0.0047758 (-1.20)
N		0.0777595 *** (3.05)				
AR(1)	0.0000	0.0000	0.0093	0.0027	0.0030	0.0057
AR(2)	0.8231	0.8061	0.5084	0.5405	0.3651	0.1408
Sargan-P	0.9710	0.8776	0.1308	0.5101	0.8031	0.9405

注：每个解释变量的系数下方括号内为其"该系数显著异于 0"的 t 检验统计值，* 表示在 10% 的显著水平上拒绝原假设，** 表示在 5% 的显著水平上拒绝原假设，*** 表示在 1% 的显著水平上拒绝原假设。

三个模型都涉及交易双方是否同为 WTO 成员这一虚拟变量，可以看到，最后的运行结果取值均为正值，说明同为 WTO 成员对双边贸易规模起到了促进作用。除了优惠的贸易安排外，WTO 为成员提供的信息透明、争端解决机制等，无疑增强了成员之间的相互信任，制度认同度的提高，也大大促进了双边贸易的发展。

五　小结

从某种意义上说，制度因素要比经济因素更为重要，因为良好的制度是经济长期和持续增长的推动器。从政策角度来看，地缘、文化纽带上的联系难以改变，但制度却是可以通过行之有效的工作加以改善的。对于中国来说，虽然近年来决策者越来越认识到制度的重要性，在制度环境建设方面也取得了极大的成就，但也应该看到，今后需要做的工作依然很多。有的放矢地采取措施以改善制度环境，是实现贸易发展、经济增长的必由之路。具体而言，要进一步完善社会主义市场经济体制，各级政府要用市场手段而非行政手段来处理经济事务；健全和切实执行法律法规，加强产权保护；提高货币政策、贸易政策和外资政策的有效性，履行加入WTO后的各项承诺，逐步放松金融管制。

根据世界银行对中国公共治理水平的评价，中国对外贸易虽然得到迅速发展，但对外贸易的发展主要受益于公共治理水平提高之外的其他因素，比如外贸经营权下放、关税的降低、各项优惠贸易安排与协定的达成以及加入世界贸易组织等。

新加坡大学中国经济研究中心的报告指出，中国目前主要仍靠廉价劳动力、资源消耗、土地占用和优惠政策赢得竞争优势，在国际产业分工链中仍处于低端位置。发达国家的经济增长，75%靠技术进步，25%靠能源、原材料和劳动力的投入，而中国的情况正好相反，主要行业的关键设备与核心技术基本上依赖进口。中国近年来出口势头强劲，但其出口商品90%是贴牌产品。这种状况不改变，自主创新能力不强，必然会严重掣肘中国经济今后的发展。中国要从过度依赖资金、自然资源和环境投入，以量的扩张实现增长，转向更多地依靠提高劳动者素质和技术进步，从提高效率中获取经济增长。还要通过制度的改善，从改变中国在国际产业分工中相对不利局面入手，改变产业竞争力弱化与贸易条件恶化的被动局面，从而实现中国经济发展与和平外交的战略目标。

第七章 主要结论

第一，在经济全球化背景下，对外贸易有利于一国充分利用国内外两种资源、国际国内两个市场，突破本国资源禀赋、技术水平等因素的束缚，实现贸易的静态、动态利益，促进经济的发展。因此，积极参加国际经济交流与合作、促进对外贸易已经成为各国在制度经济战略决策时需要考虑的重要问题。

第二，不考虑制度因素的国际贸易理论无法对现实的许多国际贸易现象做出合理解释。这种理论分别从技术差异、要素禀赋差异、市场结构和需求角度探讨国际贸易发生的原因，但并没有揭示技术、要素禀赋以及市场结构差异的形成原因。事实上，影响上述因素的根本在于一国的制度安排。因此，制度成为国际贸易决定理论和利益分配理论的关键。

第三，制度主要通过两种渠道影响国际贸易。从产权制度方面看，产权的安全性从根本上决定着一国的经济效率，有效的产权制度和产权保护制度有利于技术进步、资本积累和形成高效率的市场结构，从而决定着一国在国际分工中的比较优势、地位以及利益的分配；从合约实施制度方面看，有效的合约实施制度能够保证预期利益的实现，跨国网络以及信誉等作为非正式制度在国际贸易合约履行中发挥着重要的作用，通过降低信息成本来削减交易成本并加强潜在交易者之间的相互信任度。此外，这两方面的制度并不是孤立发生作用的。一国的产权制度作为最基本的经济制度，决定着一国的公共治理水平，影响着一国的正式及非正式合约实施制度；有效的合约实施制度恰恰有助于产权制度有效性的发挥，使产权合法化。一般来讲，制度优越国家的对外贸易往往能够有效促进经济增长，制度较低劣或制度无效国家的对外贸易对经济的促进作用不明显甚至可能会形成对经济发展的障碍。

第四，在对一国制度尤其是与国际贸易密切相关的制度进行衡量与评估时，通常使用 WGI 公布的政府效率、监管质量、法治和腐败控制四个指标，原因在于政府效率是一国治理质量的决定性因素，监管质量和腐败控制是影响一国交易成本的重要指标，法治则强调了该国法律质量和合约的强制执行力。

第五，对发达国家和欠发达国家制度水平的比较分析表明，发达国家的制度普遍优于欠发达国家，其优越的产权制度和合约实施制度决定着发达国家较高的技术和管理水平以及较完善的合约实施保障，使发达国家的进出口明显高于欠发达国家。更进一步讲，工业制成品往往加工环节多、对技术要求高，与初级产品相比，属于制度密集型产品，因此对制度的要求更高。发达国家往往会在工业制成品的生产上具有比较优势，因此，在发达国家与欠发达国家之间的产业间贸易上，发达国家往往是工业制成品的出口者。从这些角度看，制度相对优越的国家会更多地从工业制成品的交易中获益。

第六，在制度变迁中，非正式制度与正式制度的协调很重要。产权的规定和有关产权的法律安排是很重要的正式制度。但这些正式制度有效性的发挥必须有与非正式制度的和谐相容做保证。在中央集权计划经济体制生产资料完全公有的产权制度下所形成的人们在立约、履约以及其他相关方面的行为习惯，必会与新的产权制度所要求的非正式制度条件发生冲突，造成产权制度改革后经济运行出现衰退或停滞现象。产权制度的改革可以在短期内以激进的方式完成，但须与非正式制度在相对较长的时期内慢慢融合。对主要转轨国家制度变迁以来制度水平的变化以及对外贸易发展趋势进行的分析表明，多数转轨国家虽然基本上完成了生产资料私有化以及市场体制的初步建立，但以公共治理指标衡量的制度水平并没有得到明显的改善。制度的制定和推行可以在短期内完成，但对制度的接受以及对人们经济生活的渗透则需要较长的时间。

第七，经济体制改革发展到一定程度，必然要求政治体制的相应变革。不可否认，中国的政治体制改革一直缓慢地进行着，但是，相对于经济体制改革来说则严重滞后。在制度变迁过程中，不可避免地会出现腐败现象，出现少数人侵吞公共财产问题，权钱结合的原始积累形成了严重的社会不公。由于存在腐败和滥用职权，由此形成的私有权削弱了国家利益，危害了社会秩序。而且，监管不力、信誉机制与第三方强制实施的不足导致商业活动存在着信任障碍，严重影响了贸易，尤其是国际贸易。因此，继续提高政府效率、加强监管和法治建设，有效控制腐败，才能从制度层面使中国真正实现国际贸易在质量上的提高。

参考文献

［波兰］格泽戈尔兹·W. 科勒德克：《从休克到治疗：后社会主义转轨的政治经济》，刘晓勇等译，上海远东出版社 2000 年版。

［俄］德·C. 李沃夫主编：《通向 21 世纪的道路——俄罗斯经济的战略问题与前景》，陈晓旭、乔木森等译，高等教育出版社 2003 年版。

［美］巴泽尔：《产权的经济分析》，费方域、段毅才译，上海人民出版社 2006 年版。

［美］格罗斯曼、赫尔普曼：《全球经济中的创新与增长》，何帆等译，中国人民大学出版社 2003 年版。

［美］科斯、阿尔钦、诺斯：《财产权利与制度变迁：产权学派与新制度学派》，刘守英等译，上海人民出版社 2004 年版。

［美］莫基尔：《富裕的杠杆：技术革新与经济进步》，陈小白译，华夏出版社 2008 年版。

［美］希斯考克斯：《国际贸易与政治冲突：贸易、联盟与要素流动程度》，于扬杰译，中国人民大学出版社 2005 年版。

［美］拉尔夫·戈莫里、威廉·鲍莫尔：《全球贸易和国家利益冲突》，文爽等译，中信出版社 2003 年版。

安烨、李秀敏、张立学：《贸易引力模型对东北亚五国的实证检验及贸易潜力分析》，《长春金融高等专科学校学报》2005 年第 4 期。

波兹南斯基：《全球化的负面影响：东欧国家的民族资本被剥夺》，佟宪国译，经济管理出版社 2004 年版。

陈丽丽：《迈向贸易强国的战略研究》，西南财经大学出版社 2006 年版。

程恩富、胡乐明：《新制度经济学》，经济日报出版社 2005 年版。

程伟等：《经济全球化与经济转轨互动研究》，商务印书馆 2005 年版。

樊纲：《两种改革成本与两种改革方式》，《经济研究》1993 年第 11 期。

冯绍雷、相蓝欣：《俄罗斯经济转型》，上海人民出版社 2005 年版。

高德步：《经济发展与制度变迁：历史的视角》，经济科学出版社 2006 年版。

谷克鉴：《中国的经济转型与贸易流动——基于制度和技术因素的理论考察和计量研究》，中国人民大学出版社 2006 年版。

顾卫平：《中国对外贸易战略性进展研究》，上海人民出版社 2007 年版。

郭连成：《经济全球化与转轨国家经济联动效应论》，《新华文摘》2002 年第 3 期。

郭连成：《经济全球化与转轨国家经济发展及其互动效应》，经济科学出版社 2007 年版。

郭连成：《俄罗斯经济转轨与转轨时期经济论》，商务出版社 2005 年版。

侯明、李淑艳：《制度安排与东北亚地区贸易发展》，《东北师范大学学报》（哲学社会科学版）2005 年第 6 期。

华民：《制度变迁与长期经济发展》，复旦大学出版社 2006 年版。

黄建锋、陈宪：《信息通讯技术对服务贸易发展的促进作用——基于贸易引力模型的经验研究》，《世界经济研究》2005 年第 11 期。

黄烨菁、张煜：《中国对外贸易新趋势的实证分析——基于扩展型贸易引力模型》，《国际经贸探索》2008 年第 2 期。

孔凡保：《国际贸易与投资理论的新发展：新制度经济学分析》，《国际贸易问题》2006 年第 10 期。

孔田平：《中央计划经济及其对于经济转轨的政策含义》，《东欧中亚研究》1996 年第 4 期。

李平：《国际技术扩散对发展中国家技术进步的影响：机制、效果及对策分析》，生活·读书·新知三联书店 2007 年版。

李钦：《贸易引力模型对中国新疆与中亚四国贸易流量的实证检验及出口潜力分析》，《改革与战略》2008 年第 11 期。

李新：《转型经济研究》，上海财经大学出版社 2007 年版。

李秀敏、李淑艳：《东北亚国家贸易引力模型实证检验及潜力分析》，《东北亚论坛》2006 年第 2 期。

林玲、王炎：《贸易引力模型对中国双边贸易的实证检验和政策含义》，《世界经济研究》2004 年第 4 期。

林双林、李建民：《中国与俄罗斯经济改革比较》，中国社会科学出版社

2007年版。

刘青峰、姜书竹:《从贸易引力模型看中国双边贸易安排》,《浙江社会科学》2002年第6期。

刘世锦:《中国改革的推进方式及其中的公共选择问题》,《经济研究》1993年第10期。

卢现祥:《西方新制度经济学》,中国发展出版社2003年版。

陆南泉:《苏联国民经济七十年》,机械工业出版社1988年版。

吕炜:《转轨的实践模式与理论模式》,经济科学出版社2006年版。

马琳、李文强:《基于贸易引力模型的中国大陆水产品出口市场布局优化研究》,《安徽农业科学》2008年第22期。

毛增余:《斯蒂格利茨与转轨经济学》,中国经济出版社2005年版。

诺斯:《经济史中的结构与变迁》,上海三联书店1991年版。

彭国华:《双边国际贸易引力模型中地区生产率的经验研究》,《经济研究》2007年第8期。

强永昌:《产业内贸易论:国际贸易最新理论》,复旦大学出版社2002年版。

盛斌:《中国对外贸易政策的政治经济分析》,上海人民出版社2002年版。

盛清:《CEPA框架下我国中部六省与香港地区贸易的引力模型分析》,《企业技术开发》2007年第11期。

史朝兴、顾海英、秦向东:《引力模型在国际贸易中应用的理论基础研究综述》,《南开经济研究》2005年第2期。

史朝兴、顾海英:《贸易引力模型研究新进展及其在中国的应用》,《财贸研究》2005年第3期。

史朝兴、顾海英:《我国蔬菜出口贸易流量和流向——基于行业贸易引力模型的分析》,《新疆大学学报》(社会科学版)2005年第3期。

孙杰:《克鲁格曼的理论"接口"和诺斯的"贸易由制度启动"命题》,《经济研究》1997年第12期。

孙宽平:《转轨、规制与制度选择》,社会科学文献出版社2004年版。

孙瑞娟、任黎秀、王焕:《区域旅游贸易引力模型的构建及实证分析——以南京市国内客源市场为例》,《世界科技研究与发展》2007年第6期。

佟家栋:《发展中大国的贸易自由化与中国》,天津教育出版社2005

年版。

王铠磊：《国际贸易流量的影响因素——基于贸易引力模型和中国数据的实证分析》，《世界经济情况》2007年第12期。

王鹏：《海峡两岸双边贸易流量与潜力研究——基于贸易引力模型的实证分析》，《台湾研究集刊》2007年第4期。

王鹏：《内地与香港双边贸易流量与潜力研究——基于贸易引力模型的实证分析》，《当代财经》2008年第3期。

王晓：《中国双边贸易的分析和政策含义——基于贸易引力模型的检验》，《世界经济情况》2008年第11期。

吴丹：《东亚双边进口贸易流量与潜力：基于贸易引力模型的实证研究》，《国际贸易问题》2008年第5期。

吴丹：《制度因素与东亚双边贸易：贸易引力模型的实证分析》，《经济经纬》2008年第3期。

伍泽君：《中国对欧盟农产品出口贸易的引力模型——基于欧盟东扩前后的比较》，《现代经济信息》2008年第10期。

伍装：《中国经济转型分析导论》，上海财经大学出版社2005年版。

杨红强：《基于贸易引力模型的SCFTA实证研究》，《世界经济研究》2005年第6期。

尹翔硕：《贸易战略的国际比较》，复旦大学出版社2006年版。

俞可平、黄品：《中国模式与"北京共识"：超越"华盛顿共识"》，社会科学文献出版社2006年版。

曾国平、申海成：《中国农产品出口贸易影响因素研究——基于贸易引力模型的面板数据》，《重庆大学学报》（社会科学版）2008年第3期。

张林：《新制度主义》，经济日报出版社2006年版。

张维迎：《法律制度的信誉基础》，《经济研究》2002年第1期。

张亚斌：《论国际贸易中的制度资源》，《甘肃社会科学》2000年第2期。

张亚斌：《论制度影响国际贸易的内在机制》，《国际经贸探索》2001年第1期。

张亚斌：《内生比较优势理论与中国贸易结构转换》，中国经济出版社2006年版。

张幼文、黄仁伟：《制度竞争与中国国际分工地位》，上海远东出版社2003年版。

张宇燕、高程:《美洲金银和西方世界的兴起》,中信出版社 2004 年版。

张宇:《中国的转型模式:反思与创新》,经济科学出版社 2006 年版。

张昱、唐志芳:《贸易引力模型:来自中国的实证与启示》,《经济经纬》2006 年第 4 期。

赵小明、冷洛:《贸易引力模型对中国双边贸易的实证检验及贸易潜力分析》,《云南财贸学院学报》(社会科学版) 2006 年第 4 期。

赵亚林:《基于引力模型的中国双边贸易流量研究》,中国农业大学 2005 年博士学位论文。

赵雨霖、林光华:《中国与东盟 10 国双边农产品贸易流量与贸易潜力的分析——基于贸易引力模型的研究》,《国际贸易问题》2008 年第 12 期。

周骏宇:《对外开放与制度变迁:中国入世的制度经济学解读》,西南财经大学出版社 2007 年版。

周其仁:《一部未完成的产权改革史》,《经济观察报》2009 年 1 月 19 日。

周其仁:《产权与制度变迁:中国改革的经验研究》,社会科学文献出版社 2002 年版。

周其仁:《真实世界的经济学》,中国发展出版社 2002 年版。

周树立:《论改革开放前的中国经济发展战略》,《经济经纬》2003 年第 4 期。

周艳、刘红:《人民币汇率变动对江苏省外贸出口影响的实证分析——基于贸易引力模型》,第九届中国管理科学学术年会,2007 年 10 月 1 日。

邹东涛:《经济中国之新制度经济学与中国》,中国经济出版社 2004 年版。

Acemoglu, D., 2006. "A Simple Model of Inefficient Institutions." *Scand. J. of Economics*, Vol. 108, No. 4, pp. 515-546.

Acemoglu, D., Johnson, S., & Robinson, A., 2005. "The Rise of Europe: Atlantic Trade, Institutional Change, and Economic Growth." *American Economic Review*, Vol. 95, No. 3, pp. 645-579.

Acemoglu, D., Johnson, S., & Robinson, J. A., 2001. "The Colonial Origins of Comparative Development: An Empirical Investigation." *American Economic Review*, Vol. 91, pp. 1369-1401.

Ahrens, J., 2006. "Governance in the Process of Economic Transformation."

www. oecd. org/dataoecd/52/ 20/37791185. pdf.

Alcala, F. , & Ciccone, A. , 2004. "Trade and Productivity." *The Quarterly Journal of Economics*, Vol. 119, No. 2, pp. 612-645.

Anderson, J. E. , & Young, L. , 2006. "Trade and Contract Enforcement." *Contributions in Economic Analysis & Policy*, Vol. 5, No. 1.

Anderson, J. E. & Marcouiller, D. , 1997. "Trade and Security, I: Anarchy." NBER Working Paper No. W6223. Available at SSRN: http: // ssrn. com/abstract = 225981.

Anderson, J. E. & Marcouiller, D. , 1999. "Trade, Insecurity, and Home Bias: An Empirical Investigation." NBER Working Paper No. 7000.

Anderson, J. E. and Marcouiller, D. , 2002. "Insecurity and the Pattern of Trade: An Empirical Investigation." *Review of Economics and Statistics*, Vol. 84, No. 2, pp. 345-352.

Anderson, J. E. and Wincoop, E. , 2001. "Gravity with Gravitas: A Solution to the Border Puzzle." National Bureau for Economic Research Working Paper No. 8079.

Anderson, J. E. , 1979. "A Theoretical Foundation for the Gravity Equation." *American Economic Review*, Vol. 69, pp. 106-116.

Anderson, J. E. , 2000. "Why Do Nations Trade So Little?" *Pacific Economic Review*, Vol. 5, No. 2, pp. 115-134.

Anderson, J. E. , 2001. "Trade and Informal Institutions." unpublished manuscript. http: //www2. bc. edu/ ~ anderson/TradeInstitutions2. pdf.

Anderson, J. E. , 2007. "Does Trade Foster Contract Enforcement?" Boston College Working Papers in Economics No. 672.

Araujo, L. , & Ornelas, E. , 2005. "Trust-Based Trade." IBMEC RJ Economics DiscussionPaper 2005-08, http: //professores. ibmecrjj. br/erg/dp/dp. htm.

Arnaud C. , 2007. "Contract Enforcement, Division of Labour, and the Pattern of Trade." *The Quarterly Journal of Economics*, Vol. 122, No. 2, pp. 569-600.

Axel, B. , Matthias B. , and Silke N. , 2006. "Institutional Quality and the Gains from Trade." *KYKLOS*, Vol. 59, No. 3, pp. 345-368.

Azmat, G. , & Biman C. , 2006. "Institutional Quality and Trade in Pacific Island Countries." Asia-Pacific Research and Training Network on Trade Working Paper No. 20. Available at http://www.unescap.org/tid/artnet/pub/wp2006.pdf.

Bardhan, P. , 2007. "Institutions, Trade and Development." Working Paper.

Beck, T. , & Laeven, L. , 2006. "Institution Building and Growth in Transition Economies." *J. Econ. Growth*, Vol. 11, pp. 157-186. doi: 10.1007/s10887 - 006 - 9000 - 0.

Bergstrand, J. H. , 1985. "The Gravity Equation in International Trade: Some Microeconomic Foundations and Empirical Evidence." *The Review of Economics and Statistics*, Vol. 67, No. 3, pp. 474-481.

Berkowitz, D. , Moenius, J. , & Pistor, K. , 2005. "Legal Institutional and International Trade Flows." *Michigan Journal of International Law*, Vol. 26, pp. 1-36.

Bigsten, A. , P. Collier, Dercon, S. , et al. , 2000. "Contract Flexibility and Dispute Resolution in African Manufacturing." *Journal of Development Studies*, Vol. 36, No. 4, pp. 1-37.

Bolaky, B. , & Freund, C. , 2004. "Trade, Regulations and Growth." World Bank Policy Research Working Paper No. 3255. Available at SSRN: http://ssrn.com/abstract=610296.

Castanheira, M. , & Roland, G. , 2000. "The Optimal Speed of Transition: A General Equilibrium Analysis." *International Economic Review*, Vol. 41, No. 1, pp. 219-239.

Clague, C. , Keefer, P. , & Knack, S. , 1999. "Contract-Intensive Money: Contract Enforcement, Property Rights, and Economic Performance." *Journal of Economic Growth*, Vol. 4, pp. 185-211.

Clay, K. , 1997. "Trade, Institutions, and Credit." *Explorations in Economic History*, Vol. 34, pp. 495-521.

David, D. , & Aart, K. , 2003. "Institutions, Trade and Growth." *Journal of Monetary Economics*, Vol. 50, pp. 133-162.

De Groot, H. L. F, Linders, G. J. , et al. , 2003. "Why Do OECD Countries Trade More?" Tinbergen Institute Discussion Paper TI 03-092/3.

De Groot, H. L. F, Linders, G. J., et al., 2004. "The Institutional Determinants of Bilateral Trade Patterns." *Kyklos*, Vol. 57, No. 1, pp. 103-123.

Deardorff, A., 1998. "Determinants of Bilateral Trade: Does Gravity Work in a Neoclassical World?" In Jeffrey A. Frankel, ed. *The Regionalization of the World Economy*. Chicago: Universityof Chicago for the NBER.

Debin, M., 2004. "Growth, Institutions and Knowledge: A Review and Reflection on the Historiography of 18th-20th Century China." *Australian Economic History Review*, Vol. 44, No. 3, pp. 295-277.

Dixit, A., 2003. "Trade Expansion and Contract Enforcement." *Journal of Political Economy*, Vol. 111, No. 6, pp. 1293-1317.

Djankov, S., Glaeser, E., Porta, R. L., et al., 2003. "The New Comparative Economics." *Journal of Comparative Economics*, Vol. 31, 595-619.

Evenett, S. J., & Hutchinson, W. K., 2002. "The Gravity Equation in International Economics: Theory and Evidence." *Scottish Journal of Political Economy*, Vol. 49, No. 5, pp. 489-490.

Falk, A., Huffman, D., and Macleod, W., 2008. "Institutions and Contract Enforcement." CESIFO Working Paper No. 2284.

Firms, P. A., 2003. "Contracts, and Trade Structure." *The Quarterly Journal of Economics*, November, pp. 1375-1418.

Fratianni, M., 2007. "The Gravity Equatiion in International Trade." Indiana University, Kelley School of Business, Department of Business Economics and Public Policy Working Paper No. 17.

Freund, C., & Bolaky, B., 2007. "Trade, Regulation and Income." *Journal of Development Economics*, doi: 10.1016/j.jdeveco.2007.11.003.

Gregory, K., Aymo, B., & Beatrice, W., 1999. "Institutional Obstacles to Doing Business: Region-by-Region Results from a Worldwide Survey of the Private Sector." World Bank Policy Research Working Paper No. 1759. Available at SSRN: http://ssrn.com/abstract = 6239 04.

Greif, A., 1993. "Contract Enforceability and Economic Institutions in Early Trade: The Maghribi Traders." *Coalitiion, American Economic Review*, Vol. 83, No. 3, pp. 525-548.

Groot, H., Linders, G. J., Rietveld, P., & Subramanian, U., 2004. "The

Institutional Determinants of Bilateral Trade Patterns." *Kyklos*, Vol. 57, No. 1, pp. 103-123.

Havrylyshyn, O., & Rooden, R., 2003. "Institutions Matter in Transition, but so Do Policies." *Comparative Economic Studies*, Vol. 55, pp. 2-24.

Havrylyshyn, O., & Rooden, R. V., 2003. "Institutions Matter in Transition, But So DoPolicies." *Comparative Economic Studies*, Vol. 45, pp. 2-24.

Hess, B., 2005. "The Home-Bias-in-Trade Puzzle—The Case of China." Kiel Institute for World Economics ASP Term Paper No. 427.

Hoff, K., & Stiglitz, J. E., 2004. "After the Big Bang? Obstacles to the Emergence of the Rule of Law in Post-communist Societies." *American Economic Review*, Vol. 94, pp. 753-763.

Joseph, F., & Miriam M., 2007. "Institutions, Infrastructure, and Trade." IIDE discussion paper 200704-01.

Kaufmann, D., Kraay, A., & Mastruzzi, M., 2008. "Governance Matters Ⅶ: Aggregate and Individual Governance Indicators 1996-2007." the World Bank Policy Research Working Paper No. 4654.

Khalil, M. H., 2007. "Trade Security." *Palestine-Israel Journal*, Vol. 14, No. 3, pp. 52-57.

Kiminori, M., 2005. "Credit Market Imperfections and Patterns of International Trade and Capital Flows." *Journal of the European Economic Association*, Vol. 3, pp. 714-723.

Kimura, F., 2006. "The Gravity Equation in International Trade in Services." *Review of World Economics*, Vol. 142, No. 1, pp. 92-121.

Krueger, A. O., 1992. "Government, Trade, and Economic Integration." *American Economic Review*, Vol. 82, No. 2, pp. 109-114.

Levchenko, A., 2004. "Institutional Quality and International Trade." IMF Working Paper No. 04/231. Available at SSRN: http://ssrn.com/abstract =879056.

Lewer, J., & Hendrik. V., 2007. "Estimating the Institutional and Network Effects of Religious Cultures on International Trade." *KYKLOS*, Vol. 60, No. 2, 255-277.

Lowinger, T. C., Nziramasanga, M., & Lal, A. K., 2000. "Economic Transition in Central and Eastern Europe: The Consequences for Trade Structure and Trade Volume." *the International Trade Joural*, Vol. 14, No. 1, pp. 53-76.

Maggi, G., 1999. "The Role of Multilateral Institutions in International Trade Cooperation." *American Economic Review*, Vol. 89, No. 1, pp. 190-214.

Majumdar, S. K., 2007. "Institutions in Transition: Property Rights Regime Changes and the Saga of Foreign Firms in India." *India Review*, Vol. 6, No. 2, pp. 91-115.

Mansfield, E. D., & Reinhardt, E., 2008. "International Institutions and the Volatility of International Trade." *International Organization*, Vol. 62, pp. 621-652.

Marianna, B., 2006. "Institutions and International Trade: A Reconsideration of Comparative Advantage." *Journal of Economic Surveys*, Vol. 20, No. 1, pp. 3-26.

Marin, D., & Schnitzer, M., 1998. "Economic Incentives and International Trade." *European Economic Review*, Vol. 42, pp. 705-716.

Marion, J., & Hildegunn, K. N., 2004. "Institutions, Trade Policy and Trade Flows." Working Paper ERSD-02.

McCallum, J., 1995. "National Borders Matter: Canada-U. S. Regional Trade Patterns." *American Economic Review*, Vol. 85, No. 3, pp. 615-623.

McMillan, J., & Woodruff, C., 1998. "Interfirm Relationships and Informal Credit in Vietnam." Available at SSRN: http://ssrn.com/abstract=87477 or DOI: 10.2139/ssrn.87477.

Melkumov, D., 2008. "Institutional Background as a Determinant of Boards of Directors's Internal and External Roles: The Case of Russia." *Journal of World Business*, doi: 10.1016/j.jwb.2008.03.011.

Meon, P. G., & Sekkat, K., 2008. "Institutional Quality and Trade: Which Institutions? Which Trade?" *Economic Inquiry*, Vol. 46, No. 2, pp. 227-240.

Meon, P. J. & Sekkat, K., 2004. "Does the Quality of Institutions Limit the MENA's Integration in the World Economy?" *The World Economy*, Vol. 27, No. 9, pp. 1475-1498, Available at SSRN: http://ssrn.com/abstract

=602679.

Meyer, K. E., 2001. "Institutions, Transaction Costs, and Entry Mode Choice in Eastern Europe." *Journal of International Business Studies*, Vol. 32, No. 2, pp. 357-367.

Mina, W., 2006. "Does contract Enforcement Matter for International Lending?" *Applied Economics Letters*, Vol. 13, pp. 359-364.

Moore, J., & Hart, O. D., 1990. "Property Rights and the Nature of the Firm." *Journal of Political Economy*, Vol. 98, No. 6, pp. 1119-1158.

Nathan, N., 2007. "Relationship-Specificity, Incomplete Contracts and the Pattern of Trade." *The Quarterly Journal of Economics*, Vol. 122, No. 2, pp. 569-600.

North, D. C., 1991. "Institutions." *Journal of Economic Perspectives*, Vol. 5, No. 1, pp. 97-112.

Nunn, N., 2007. "Relationship-specificity, Incomplete Contracts, and the Pattern of Trade." *The Quarterly Journal of Economics*, May, pp. 569-600.

Ovin, P., 2001. The Nature of Institutional Change in Transition." *Post-Communist Economies*, Vol. 13, No. 2, pp. 133-146.

Philip, S., 2003. "Institutions and the Changing Composition of International Trade in the Post-Socialist Transition." Paper presented at the annual conference of the International Society of New Institutional Economics, Budapest, September 11-13.

Pistor, K., Raiser, M., & Gelfer, S., 2000. "Law and Finance in Transition Economies." *Economics of Transition*, Vol. 8, No. 2, pp. 325-368.

Priya, R., & Young, L., 2007. "Contract Enforcement and International Trade." *Economics & Politics*, Vol. 19, No. 2, pp. 191-218.

Raiser, M., 1999. "Trust in Transition." EBRD Working Paper, No. 37.

Rassekh, F., 2007. "Is International Trade More Beneficial to Lower Income Economies?" *An Empirical Inquiry, Review of Development Economics*, Vol. 11, No. 1, pp. 159-169.

Redek, T., & Susjan, A., 2005. "The Impact of Institutions on Economic Growth: The Case of Transition Economics." *Journal of Economic Issues*, Vol. 39, No. 4, pp. 995-1027.

Rodrik, D., 1998. "Trade Policy and Economic Performance in Sub-Saharan Africa." NBER Working Paper No. 6562.

Segura-Cayuela, R., & Vilarrubia, J. M., 2008. "Uncertainty and Entry into Export Markets." Banco de España Working Paper No. 0811. Available at SSRN: http://ssrn.com/abstract=1144564.

Segura-Cayuela, R., 2006. "Inefficient Policies, Inefficient Institutions and Trade." Banco de Espana Research Paper No. WP-0633. Available at SSRN: http://ssrn.com/abstract=949436.

Svejnar, J., 2002. "Transition Economies: Performance and Challenges." *Journal of Economic Perspectives*, Vol. 16, No. 1, pp. 3-28.

Svejnar, J., 2002. "Transition Economies: Performance and Challenges." *Journal of Economic Perspectives*, Vol. 16, pp. 3-28.

Thuresson, C., 2008. "Contract Enforcement and Its Impact onBilateral Trade." Jonkoping University Master Thesis.

Tony, A., & Mina, B. L., 2006. "Economic Reform When Institutional Quality is Weak: The Case of the Maghreb." *Journal of Policy Modeling*, Vol. 28, pp. 1029-1043.

Trebilcock, M., & Leng, J., 2006. "The Role of Formal Contract Law and Enforcement in Economic Development." *Virginal Law Review*, Vol. 92, 7, pp. 1517-1580.

Trefler, D., 1995. "The Case of Missing Trade and Other Mysteries." *American Economic Review*, Vol. 85, pp. 1029-1046.

Wall, H. J., 2000. "Gravity Model Specification and the Effects of the Canada-U.S. Border." Federal Reserve Bank of ST. Louis, Working Paper 2000-024A, http://research.stlouisfed.org/wp/2000/2000-024.pdf.

Wang, Y., 2007. "The Effects of Domestic Legal Institutions on International Trade Flows." Hosted by the Berkeley Electronic Press, Working Paper 2016.

Wei, S. J., 2000. "How Taxing is Corruption on International Investors?" *The Review of Economics and Statistics*, Vol. 82, No. 1, pp. 1-11.

Yuriy, K., 2006. "Describing Patterns of International Trade in Transition Economies: Gravity Model Extension." kse.org.ua/uploads/file/library/

2006/kurganov. pdf.

Zarzoso, I. M., & Doyle, E., 2007. "Trade, Productivity and Institutional Quality: Issues and Empirics." Available at SSRN: http://ssrn.com/abstract = 1009131.

后　记

　　本书是在我的博士论文基础上修改而成的。本书能得以出版，要感谢的人很多很多。

　　首先衷心感谢恩师郭连成教授。从论文的构思、写作到字句斟酌，郭老师都在百忙之中给与了不厌其烦的指导，以致该论文能够如期完成。郭老师治学严谨、一丝不苟，为我的科研做出了榜样；他克己奉公、鞠躬尽瘁，为我的工作做出了表率；郭老师宽厚待人、热情乐观，为我的生活提供了一面镜子。这将是一辈子的老师，人生的导航灯。

　　感谢东北财经大学的多位老师。富虹经济学院的王玉霞教授，她精彩的《生活在经济中》是我学习经济学的钥匙，热情洋溢的"经济学名著选读"等课程给了我很多启发；张凤林教授、段鹏飞博士等人的课程让我尽情地享受了经济学的奥妙；李东阳教授、阙澄宇教授、刘昌黎教授、金凤德教授等人对我的论文提出了许多中肯的批评和建议，为我的研究工作提供了很好的思路和方法。感谢山东理工大学商学院李平教授、马克思主义学院李建民教授，他们在我论文论证、写作过程中所给出的建议以及所提供的方法和资料使我受益匪浅！感谢为我提供过无私帮助的同窗好友。沈阳航空工业大学的张波博士，曲阜师范大学的朱艳博士，东北财经大学的王保谦博士、刘薇娜博士以及王晓妍博士，都在我论文写作期间提供过无私的帮助。最后，还要感谢我的父母双亲，一直为我默默奉献，为我看护孩子，为我洗衣做饭，与我分享论文写作顺利时的快乐，听我诉说论文写作中的诸多困惑和烦恼。那丝丝白发的分量，成为我刻苦、上进的动力！感谢我的爱人和儿子，他们给予我很多的鼓励和支持，减轻了我没有能够承担义务的内疚之情。

　　感谢山东理工大学社会科学处为本书出版所做的工作和所给予的资

助，他们认真负责的态度和兢兢业业的精神令我非常感动和感激，并将激励我继续努力。

张海伟

2015 年 10 月